파이썬으로 배우는 데이터 처리 및 통계분석

Data Processing & Statistical Analysis with Python

박천건 지음

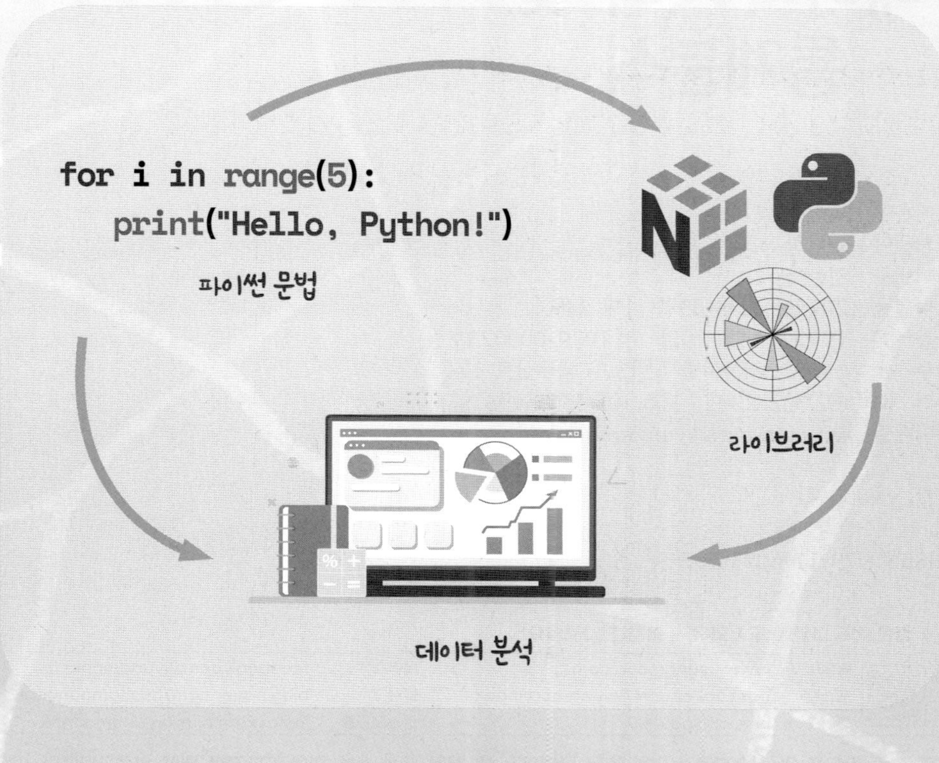

KM 경문사

파이썬으로 배우는
데이터 처리 및 통계분석

지은이 박천건
펴낸이 조경희
펴낸곳 경문사
펴낸날 2025년 11월 30일 1판 1쇄
등 록 1979년 11월 9일 제1979-000023호
주 소 04057, 서울특별시 마포구 와우산로 174
전 화 (02)332-2004 팩스 (02)336-5193
이메일 kyungmoon@kyungmoon.com

값 33,000원

ISBN 979-11-6073-792-9

★ 경문사의 다양한 도서와 콘텐츠를 만나보세요!

홈페이지	www.kyungmoon.com	페이스북	facebook.com/kyungmoonsa
포스트	post.naver.com/kyungmoonbooks	블로그	blog.naver.com/kyungmoonbooks
북이오	buk.io/@pa9309	인스타그램	instagram.com/kyungmoonsa

도서 중 **정오표** 및 **학습자료**가 있는 경우 홈페이지 내 해당 도서 상세 페이지의 **자료** 탭에 업로드됩니다.

머리말

저자는 2023년 연구년을 맞아 파이썬 책 집필을 목표 중 하나로 삼았습니다. 데이터 처리, 분석, 코딩 학습 그리고 인공지능을 포함한 4차 산업 분야에 관심 있는 독자라면 파이썬 학습의 필요성을 공감할 것입니다.

이미 많은 파이썬 입문서와 활용서가 출판되었고, 앞으로도 계속 나올 것입니다. 이러한 상황에서 파이썬 책을 써야 할 필요가 있는지 고민해 보았습니다. 결론적으로, 저만의 색깔을 담아 대학에서 알고리즘 및 데이터 분석 교육에 활용할 수 있는 기본서가 필요하다고 느꼈습니다.

본격적으로 책을 쓰기 전에 어떤 내용으로 채울지 깊이 생각했습니다. 핵심은 자잘한 설명을 줄이고, 실제 데이터 처리 및 분석에 기반이 되는 예제를 많이 넣는 것이었습니다. 저 또한 다른 프로그래밍 언어를 배울 때 이론만 파고드느라 지루해서 쉽게 포기한 경험이 있습니다. 그래서 이 책은 꼭 알아야 할 개념과 원리만 간결하게 설명하고, 실제 데이터 분석 능력을 키울 수 있도록 실습 중심으로 구성하여 독자들이 파이썬을 효과적으로 익히는 데 초점을 맞췄습니다.

마지막으로 완성된 원고를 꼼꼼히 검토한 학생과 지인들의 조언을 들으면서 여전히 부족한 부분이 많다는 것을 느꼈습니다. 앞으로 K-MOOC 연계 및 연습문제 보강을 계획하고 있습니다. 이 책이 세상에 나오기까지 아낌없는 도움과 배려를 주신 안근찬 대학원생, 경문사 관계자 여러분, 특히 장동훈 편집자님께 깊이 감사드립니다. 그리고 늘 따뜻한 관심과 응원을 보내준 가족과 지인들에게도 깊은 감사를 표합니다.

저자 박천건

[절의 구조를 살펴보고 학습을 수행합시다.]

절의 구성	학습 행위
길잡이	1. (편안한 시작) 편안하게 길잡이를 읽으며 시작해 보세요. 2. (능동적 행위) 읽으면서 핵심어 및 문장을 나열해 보세요. 3. (논리적 행위) 핵심어 중 이해되는 것과 그렇지 않은 것을 구분해 보세요. 4. (추론적 행위) 위 항목들을 토대로 이 장에서 다루는 내용을 유추해 보세요.
주제	세부 주제 - 세부 내용: 설명을 이해하고 기억합니다. - 실습 따라 하기: 제시된 실습 코드를 그대로 실행합니다. 그리고 앞의 세부 내용을 복습합니다. - 반복 연습: 동일한 실습을 2~3회 반복하여 익힙니다. - 코드 응용: 제시된 실습 코드의 일부를 변경하여 실행하고 결과를 확인합니다.

[2.1 자료형을 예시로 학습 방식을 적용합시다.]

2.1 자료형	학습 행위
길잡이	1. (편안한 시작) 편안하게 길잡이를 읽으며 시작해 보세요. 2. (능동적 행위) 읽으면서 핵심어 및 문장을 나열해 보세요. - 핵심어: 숫자 및 문자, 자료형 - 문장: 숫자 및 문자(또는 문장)를 여러 자료형으로 구분 3. (논리적 행위) 핵심어 중 이해되는 것과 그렇지 않은 것을 구분해 보세요. - 이해되는 핵심어: 숫자, 문자 그리고 문장 - 이해가 안 되는 핵심어: 자료형 4. (추론적 행위) 위 항목들을 토대로 이 장에서 다루는 내용을 유추해 보세요. - 파이썬에서 정의한 자료형
주제	1. 숫자 - 숫자 자료형: 제공된 설명을 이해합니다. - 숫자 종류 및 예시: 각 숫자 종류와 그에 따른 예시를 기억합니다. - 실습 따라 하기: 제시된 코드를 정확하게 따라 입력하고 실행합니다. 그리고 앞의 세부 내용을 복습합니다. - 오류 발생 시: 실행 오류 발생 시, 책의 코드를 꼼꼼히 다시 확인하고 처음부터 코드를 정확히 입력하여 재실행합니다. - 반복 연습: 위 과정을 최소 2~3회 반복합니다. - 코드 응용: 마지막으로 제시된 실습 코드의 일부 내용을 수정하여 실행하고, 그 결과를 확인합니다.

[K-MOOC에서 제공되는 내용을 시청합시다.]

K-MOOC(https://www.kmooc.kr/)에 방문하여 '파이썬을 활용한 데이터 분석 기초 및 해석' 강좌를 찾아보세요. 이 책의 마지막 장인 "파이썬으로 기초 데이터 분석"이 동영상으로 제공됩니다.

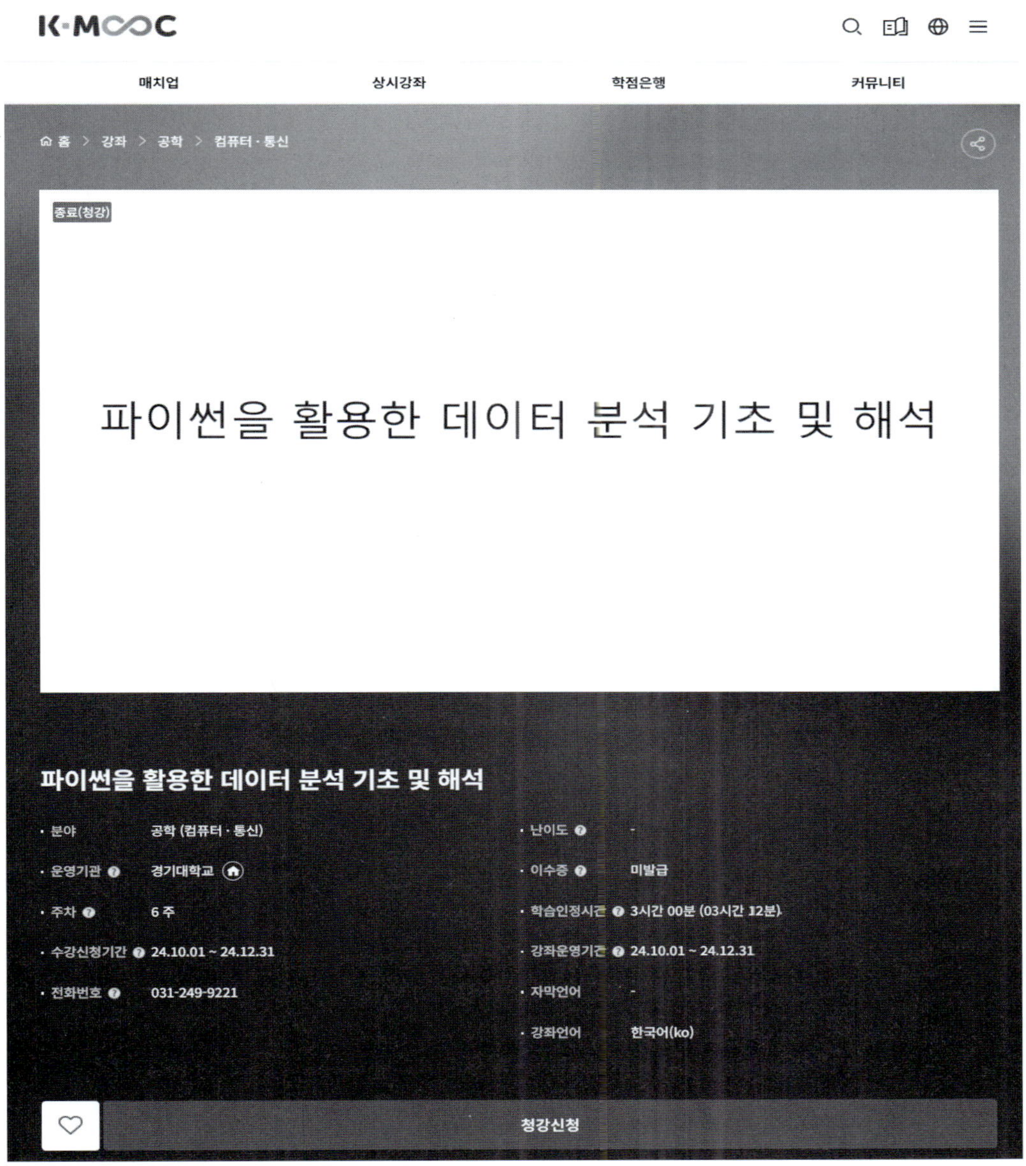

〈그림〉 "파이썬으로 기초 데이터 분석" K-MOOC 강좌 홈페이지

이 책의 내용 흐름도

제1장 파이썬 설치하기 및 기본 사용법
1.1 파이썬 설치하기
1.2 아나콘다 설치하기
1.3 주피터랩 사용하기
제2장 파이썬 기초 문법 알아가기
2.1 자료형
2.2 제어문
2.3 입출력문
제3장 파이썬 기초 라이브러리
3.1 NumPy
3.2 Pandas
3.3 Matplotlib
제4장 파이썬으로 기초 데이터 분석
4.1 데이터 이해
4.2 파일 불러오기
4.3 데이터 시각화
4.4 데이터 수치 요약

차례

제1장

파이썬 설치하기 및 기본 사용법

1.1 파이썬 설치하기

파이썬이 무엇인가?

처음으로 프로그램 언어를 접하는 사용자에게 어떤 프로그램 언어를 배우든지 깨닫는데 시간이 꽤 걸릴 수 있다. 개인차는 있겠지만 처음으로 파이썬 프로그램을 접하는 독자는 처음 걷기를 시도하는 아이와 같은 마음으로 배우길 바란다. 파이썬은 많은 프로그램 언어 중에서 배우기 쉽고 활용도가 높다. 특히 파이썬은 웹 애플리케이션, 소프트웨어 개발, 데이터 과학, 기계학습(머신러닝)에 널리 사용되는 프로그래밍(컴퓨터) 언어이다.

파이썬의 특징은 다음과 같다.

- 파이썬은 코드를 한 줄씩 실행하여 결과를 즉시 확인할 수 있는 스크립트(인터프리터) 언어이므로 코드 수정이 수월하다.
- 파이썬은 코드 시작에 변수의 자료형을 선언할 필요가 없고, 변수의 자료형 변환이 유연하다.
- 파이썬은 객체지향언어이다. 이 부분은 추후 학습 중간중간에 다룬다.

파이썬의 장점은 다음과 같다.

- 파이썬은 무료로 배포되고, 다양한 운영체제에서 설치 및 실행이 가능하며 코드가 실행된다.
- 파이썬은 인간이 생각하는 방식과 영어 문법과 유사한 직관적인 구조로 배우기 쉽고, 학습 기간이 다른 컴퓨터 언어에 비해 짧은 편이다.
- 오픈소스 언어로 전 세계 많은 개발자가 사용하고 있고 있어 관련 커뮤니티가 활발히 운영되어 학습과 개발에 매우 유용한 정보가 제공된다.

파이썬 설치하기

많은 웹사이트 및 서적에서 파이썬 설치를 자세히 설명하고 있어서, 간단하게 컴퓨터 운영체제인 윈도우(Windows)에서 파이썬 설치는 다음과 같이 진행된다.

(단계 1) 파이썬 공식 웹사이트(https://www.python.org/)에 접속한다.
(단계 2) 홈페이지에서 메뉴 다운로드(Downloads)를 클릭하고, 운영체제에 맞는 설치 파일(python-X.X-amd64.exe)을 다운로드한다.
(단계 3) 다운로드한 설치 파일을 실행한다.
(단계 4) 설치 마법사가 나타나면, “Install Now” 버튼을 클릭하여 파이썬을 설치한다.
(단계 5) 설치가 완료되면, “Close” 버튼을 클릭하여 마친다.

파이썬 설치에 대해서 자세하게 알고 싶은 독자는 웹 검색을 통해서 찾기 바란다.

1.2 아나콘다 설치하기

파이썬 실행하기

파이썬을 실행하려면 시작() 아이콘을 클릭하고 “IDLE(Python X.X 64-bit)”을 찾아서 실행한다. 그러면 “*IDLE Shell X.X*” 창이 나타난다. 여기서 IDLE(Integrated Development and Learning Environment)은 파이썬 프로그래밍 언어를 위한 기본 통합 개발환경으로, 파이썬 코드를 작성, 실행, 디버그(수정) 등의 다양한 기능을 제공한다.

IDLE은 파이썬을 처음 배우는 사용자나 초보 프로그래머들에게 적합하지만, 복잡한 프로그램을 구현하는데 다른 통합 개발환경(IDE)이 적합하다. 예를 들면 주피터랩, 주피터 노트북, 파이참 등이 있다.

아나콘다 설치하기

초보자는 이미 파이썬이 설치되어 있는데 아나콘다가 왜 필요한가에 대해서 의문점이 들 것이다. 앞에서 언급했듯이 IDLE은 초보 프로그래머에게 학습 용도로 적합하다고 설명했다. 그러면 복잡한 프로그램을 구현하려면 다른 IDE가 필요하고, 아나콘다가 그 역할을 한다.

아나콘다는 수학, 과학 분야에서 계산을 목적으로 사용하는 다양한 라이브러리를 한 번에 관리해주는 파이썬과 R 프로그래밍 언어의 오픈소스 배포판이다. 아직도 독자분들은 아나콘다의 필요성을 느끼기에 많이 부족할 듯하다. IDLE와 아나콘다를 자전거로 비유적으로 설명하면, IDLE는 자전거에 필요한 여러 도구(앞 안전등, 후미 안전등, 가방, 바퀴 안전 스티커 등)를 필요에 따라서 설치하고 최종적으로 모든 도구가 전부 설치된 자전거가 될 것이다. 그래서 이 자전거를 가지고 가까운 장소나 먼 장소를 갈 수 있다. 생각해보면 가까운 장소를 가려면 일부 도구는 필요하지 않을 수 있다. 아나콘다는 IDLE의 단점을 보완하여 용도에 적합한 자전거를 구성할 수 있다. 자전거에 기본적인 도구(앞 안전등, 후미 안전등 그리고 바퀴 안전등)가 설치되어 있고, 자전거를 사용하는 목적에 따라서 여러 도구를 설치할 수 있다. 그러면 IDLE는 자전거가 한 대가 있어서 도구를 설치해서 사용했다면, 아나콘다는 기본적인 도구가 설치된 자전거가 무한대가 있고, 용도에 따라서 준비된 자전거에 도구를 설치하고 사용하면 된다. 이 개념을 가상환경이라고 한다. 참고로 Conda는 가상환경 관리자이다.

많은 웹사이트 및 서적에서 아나콘다 설치를 자세히 설명하고 있어서, 간단하게 아나콘다 설치를 다음과 같이 제시한다.

(단계 1) 설치된 기존 파이썬을 삭제한다.

(단계 2) 아나콘다 공식 웹사이트(https://www.anaconda.com/products/individual)에 접속한다.

(단계 3) 홈페이지에서 메뉴 다운로드(Downloads)를 클릭하고, 운영체제에 맞는 설치 파일(AnacondaX.X-Windows-x86_64.exe)을 다운로드한다.

(단계 4) 다운로드한 설치 파일을 실행한다. 보통은 기본값으로 설치해도 되지만, 개발환경에 따라 옵션을 변경할 수 있다.

(단계 5) 설치가 완료되면, "Anaconda Navigator"라는 애플리케이션이 자동으로 실행된다.

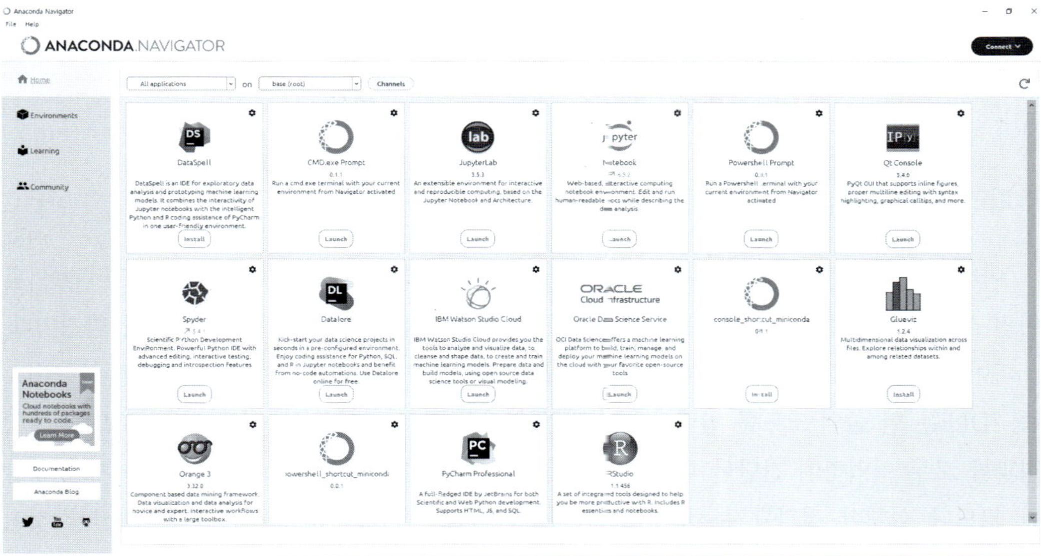

〈그림 1〉 아나콘다 배포판 실행 초기화면

"아나콘다 배포판"에 제시된 주피터랩, 주피터 노트북, 스파이 그리고 파이참이 파이썬을 구현하는데 사용되는 IDE이다. 여기서는 주피터랩으로 파이썬을 구현한다. 주피터랩을 실행하려면 (Launch) 아이콘을 클릭한다.

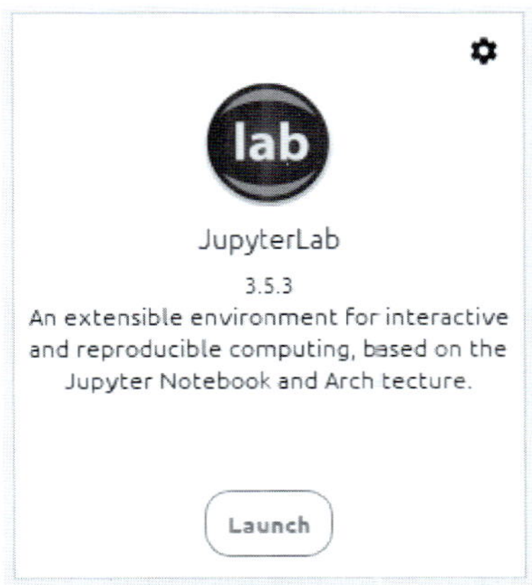

〈그림 2〉 주피터랩 아이콘

1.3 주피터랩 사용하기

주피터랩(JupyterLab)이란?

"아나콘다 배포판" 화면에 주피터랩(JupyterLab)을 클릭하면 실행이 된다. 주피터랩은 파이썬 코드를 작성, 수정, 실행 등 다양한 기능이 제공되는 오픈소스 웹 기반 통합 환경이다.

파이썬을 설치하고 IDLE(파이썬 쉘)를 실행하면 파이썬 코드를 한 줄씩 실행할 수 있다. 즉, IDLE는 한 줄의 코드를 입력하여 실행한 결과를 바로 확인할 수 있고, 이전 코드의 실행 결과를 모두 기억하여 간단한 파이썬 코드를 작성하기에 적합한 프로그램이다. 하지만 복잡한 코드나 실행한 결과를 문서화하는데 파이썬 쉘은 적합하지는 않다. 이를 개선한 것이 IPython(Interactive Python)이다.

IPython은 파이썬 쉘에 자동완성(Tab Completion), 코드 하이라이팅(Code Highlighting), 객체 정보 보기, 단축키, Magic Command 등의 다양한 부가기능을 추가해 사용의 편리성과 활용성이 있다. 그리고 이 IPython을 이용해 만들어진 웹 어플리케이션이 주피터 노트북(Jupyter Notebook)과 주피터랩(JupyterLab)이다.

여기서는 주피터랩의 사용법만 다룬다.

주피터랩 화면 구성과 기본 사용법

주피터랩은 대화형 개발환경으로서, 데이터 분석, 기계학습(머신러닝) 등 다양한 분야에서 사용되는 오픈소스 프로그램이다. 주피터랩으로 코드와 문서화, 시각화 등을 함께 다룰 수 있어 데이터 분석에 매우 유용하다.

주피터랩의 특징은 다음과 같다.

- 웹 기반으로 운영되어 서버에 접속해서 개발을 할 수 있다.
- 셀(Cell) 단위로 코드가 실행되어 결과 확인과 수정이 수월하다.
- 노트북 문서(.ipynb) 형태로 저장되어 문서화(수식, 이미지, 실행 결과 등이 포함된 보고서 형태) 작성이 가능하다.

주피터랩에서 지원하는 브라우저는 다음과 같다.

- Microsoft Edge
- Chrome
- Firefox
- Safari

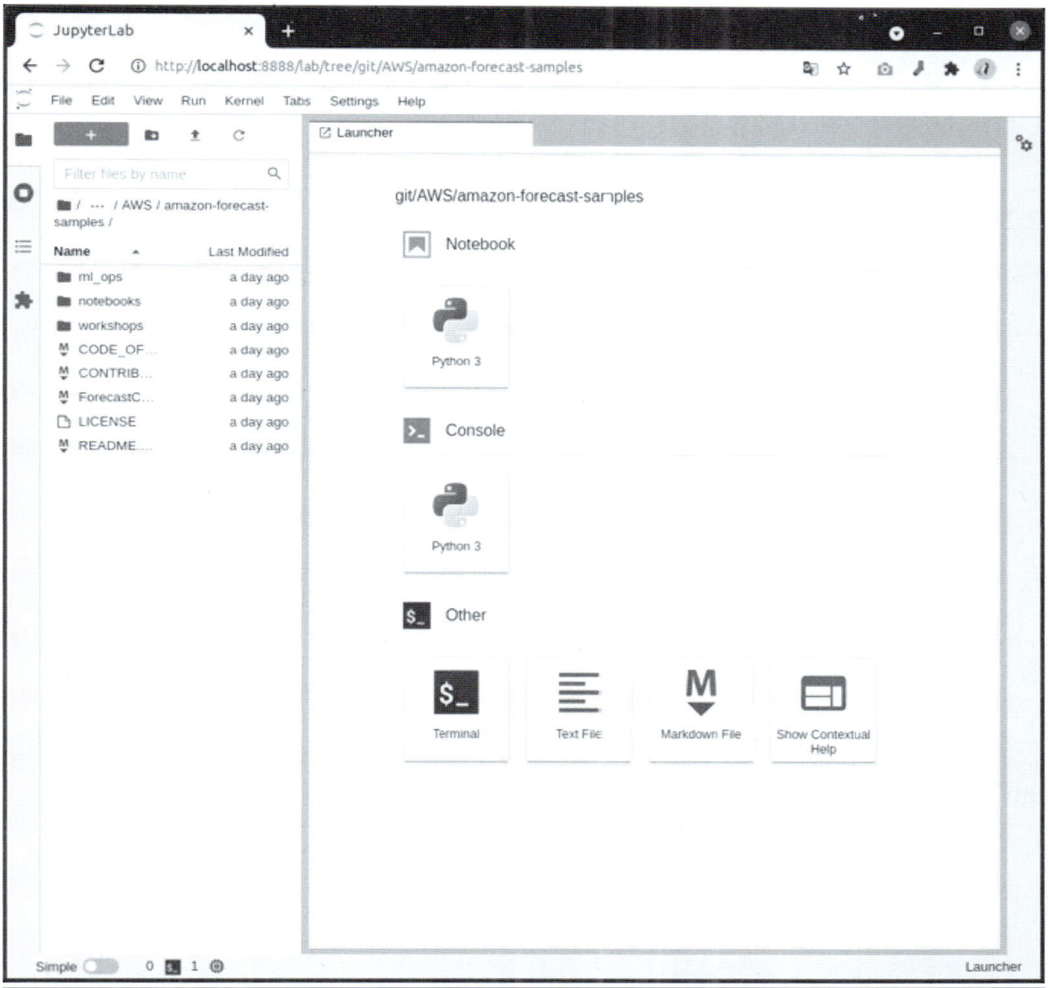

〈그림 3〉 주피터랩 실행 초기화면

주피터랩에서 주요 단축키를 사용하면 효율적으로 코딩 및 문서화 작업이 가능하다.

- 셀 실행
  - "Ctrl+Enter"를 누르면 해당 셀 코드를 실행한다.
  - "Shift+Enter"는 해당 셀 코드를 실행하고 새로운 셀이 생성된다.
- 셀 선택
  - "ESC+SHIFT+J"는 현재 셀에서 바로 아래쪽 셀을 동시에 선택한다.
  - "ESC+SHIFT+K"는 현재 셀과 바로 위쪽 셀을 동시에 선택한다.
- 셀 생성 및 삭제
  - "ESC+A"는 현재 셀 위에 새로운 셀이 추가된다.
  - "ESC+B"는 현재 셀 아래에 새로운 셀이 추가된다.
  - "ESC+D+D"는 현재 셀이 삭제된다.
- 셀 병합 및 분리
  - "ESC+SHIFT+M"은 두 개의 셀을 한 개의 셀로 병합한다.
  - "ESC+CTRL+SHIFT+–"은 현재 커서 위치를 기준으로 두 개의 셀로 분리한다.
- 셀 속성
  - "ESC+Y"는 코드 셀로 변환된다. 파이썬 코드를 작성하고 실행할 수 있다.
  - "ESC+M"은 마크다운 셀로 변환된다. 마크다운은 문서화 작성할 수 있는 셀이다.
  - "ESC+R"은 Raw 셀로 변환된다. Raw 셀은 코드도 마크다운도 아닌 셀로 주피터랩에서 실행되지 않는다.

개인 데스크탑 또는 노트북에서 주피터랩을 실행하면, 웹 주소 "http://localhost:8888/lab"이 기본 브라우저에 연결되어 실행된다.

마크다운(Markdown) 사용법

주피터랩에서 제목, 본문 등의 형식으로 문서화를 작성하려면 마크다운을 사용해야 한다. 마크다운의 사용은 매우 간단하고 직관적이다.

마크다운에서 Header(제목)의 기능은 "#"의 개수로 사용된다. 즉, "#"의 개수가 늘어날수록 글자 크기가 작아진다. 그 개수는 최대 6개까지 가능하다. 그 이상이 되면 Header의 기능이 상실된다.

마크다운의 사용법을 알아보기 전에 주피터랩의 실행을 단계별로 알아보자.

(단계 1) 윈도우 시작 아이콘으로부터 아나콘다를 실행하자.

(단계 2) 〈그림 1〉은 실행된 아나콘다이고 〈그림 2〉로부터 주피터랩 아이콘을 클릭하여 주피터랩을 실행하자.

(단계 3) 〈그림 3〉은 실행된 주피터랩이고 오른쪽에 있는 Notebook Python3 아이콘을 클릭하여 주피터랩 임의의 파일(Untitled.ipynb)이 생성된다.

〈그림 4〉 주피터랩에서 생성된 파일

〈그림 4〉로부터 파란 오른쪽 빈칸을 셀이라 부른다. 여기서 파이썬 코드를 작성하고 실행한다. 단, 이 셀의 상태가 Code일 때 파이썬 실행이 가능하다. 셀 상태는 〈그림 5〉 Code 아이콘을 클릭하여 설정할 수 있다. 상태는 Code, Markdown 그리고 Raw가 있다.

〈그림 5〉 셀 상태 설정

그러면 주피터랩을 통하여 마크다운 사용법을 알아보자. 셀 상태는 Markdown으로 설정하자. 〈그림 6〉은 마크다운 코드를 실행한 결과이다. 특정 셀을 실행하려면 해당 셀에 커서를 위치하고 단축키 Shift+Enter를 누르면 해당 코드가 실행되어 결과가 나타난다.

〈그림 6〉 마크다운 셀 실행 결과

마크다운 코드	실행 결과
# 1. Header의 사용법 Header(제목)은 #의 수로 글자 크기가 설정된다. 〈빈줄〉 #의 개수가 늘어나면 글자 크기가 작아진다. 〈빈줄〉 # 1개 사용 ## 2개 사용 ### 3개 사용 #### 4개 사용 ##### 5개 사용 ###### 6개 사용 ####### 7개 사용(#이 없는 글자 크기로 설정된다.)	**1. Header의 사용법** Header(제독)은 #의 수로 글자 크기가 설정된다. #의 개수가 늘어나면 글자 크기가 작아진다. 1개 사용 2개 사용 3개 사용 4개 사용 5개 사용 6개 사용 ####### 7개 사용(#이 없는 글자 크기로 설정된다.)
# 2. 글자체 _이태릭체_〈빈칸〉〈빈칸〉 **볼드체**〈빈칸〉〈빈칸〉 _**이태릭 볼드체**_〈빈칸〉〈빈칸〉 ~취소선~〈빈칸〉〈빈칸〉 〈u〉밑줄	2. 글자체 *이태릭체* **볼드체** ***이태릭 볼드체*** ~~취소선~~ 밑줄
# 3. 목록 * 목록 1 * 목록 2 1. 목록 1 〈tab〉* 세부목록 1 〈tab〉* 세부목록 2 2. 목록 2〈빈칸〉〈빈칸〉 〈tab〉(1) 세부목록 1〈빈칸〉 〈tab〉(2) 세부목록 2〈빈칸〉	3. 목록 • 목록 1 • 목록 2 1. 목록 1 • 세부목록 1 • 세부목록 2 2. 목록 2 (1) 세부목록 1 (2) 세부목록 2
# 4. 글자 크기 기본 글자 크기〈빈칸〉〈빈칸〉 〈span style="font-size:100%"〉글자 크기 100〈/span〉 〈span style="font-size:150%"〉글자 크기 150〈/span〉 〈span style="font-size:200%"〉글자 크기 200〈/span〉	4. 글자 크기 기본 글자 크기 글자 크기 100 글자 크기 150 글자 크기 200
# 5. 글자 색 〈span style="color:red"〉빨간 글씨〈/span〉 〈span style="color:white; background-color:black; font-size:150%"〉 글자 크기150%〈/span〉	5. 글자 색 빨간 글씨 글자 크기150%

마크다운 코드

```
# 6. 수식
정규분포의 모수는 평균($\mu$)과 분산($\sigma^2$)이고, 확률밀도함수는
$$f(x)={{1}\over{\sqrt{2 \pi}\sigma}}e^{-{1 \over 2} {\left({x-\mu}\over{\sigma}\right)}^2},
~-\infty<x<\infty$$
이다.
```

실행 결과

6. 수식

정규분포의 모수는 평균(μ)과 분산(σ^2)이고, 확률밀도함수는

$$f(x) = \frac{1}{\sqrt{2\pi}\sigma} e^{-\frac{1}{2}\left(\frac{x-\mu}{\sigma}\right)^2}, \ -\infty < x < \infty$$

이다.

돋보기 마크다운에서 수식 작성은 LaTeX 용법을 사용한다. 간단한 LaTeX 사용법은 웹 주소(https://ko.wikipedia.org/wiki/도움말:TeX_문법)를 참고한다.

제2장

파이썬 기초 문법 알아가기

2.1 자료형

자료형 길잡이

자료형(Data type)이 무엇인가?

- 파이썬은 숫자 및 문자(또는 문장)를 저장하고 처리하여 데이터 분석, 기계학습(머신러닝), 인공지능, 시스템 유틸리티 제작, GUI 프로그래밍 개발, 웹 프로그래밍 개발 등에 사용되는 컴퓨터 언어이다.
- 파이썬에서 사용되는 숫자 및 문자(또는 문장)를 여러 자료형으로 구분하여 위에서 열거한 작업을 수행한다.

자료형 종류

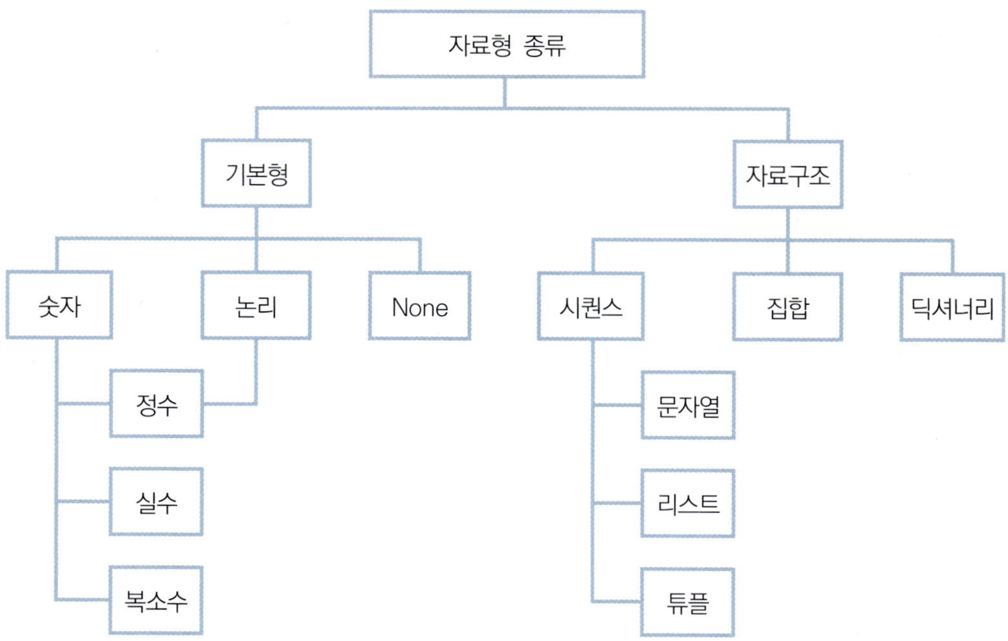

자료형 요약

대분류	중분류	소분류	코드	인쇄 결과	특징
기본형	숫자	정수	a=2024	2024	변수 a는 정수
		실수	a=20.24	20.24	변수 a는 실수
		복소수	a=20+24j	20+24j	변수 a는 복소수로 실수부(20)와 허수부(24)로 구분
	논리		a=True	True	'예(True)', '아니오(False)'로 표현
	None		a=None	None	Null 값으로 결측치로 표현
자료구조	시퀀스	문자열	a="Data Science"	Data Science	큰 따옴표(")와 작은 따옴표(')로 표현
		리스트	a=['D','a','t','a']	['D','a','t','a']	순서가 있는 수정 가능한 값들의 모임 인덱싱(indexing) 및 슬라이싱(slicing) 가능
		튜플	a=('r','e','d')	('r','e','d')	순서가 있는 수정이 불가능한 값들의 모임 인덱싱 및 슬라이싱 가능
	집합		a={1,2,3}	{1,2,3}	순서가 없고 중복되지 않은 값들의 모임
	딕셔너리		a={'a':'red', 'b':'blue'}	{'a':'red', 'b':'blue'}	'키'와 '값'이 서로 매핑(mapping)되고 순서가 없는 모임(단, 키는 중복 불가능하고 값은 중복 가능)

2.1.1 숫자

숫자 자료형 설명

- 숫자 자료형은 정수, 실수, 복소수 그리고 진수들로 구분할 수 있다.
- 이들 숫자는 수학에서 정의한 내용 및 속성과 일치하여, 자세한 설명은 생략한다. 혹시 이들 숫자의 정의 및 설명을 알고자 하는 독자는 관련 수학 서적을 참고하자.

숫자 종류와 예시

구분	영어 용어	예시	함수	코드
정수	Integer number	10	int()	a=10 b=int(10)
실수	Real number	3.1, 31e-1	float()	a=3.1 b=float(3.1)
복소수	Complex number	1+3j	complex()	a=1+3j b=complex(1,3)
2진수	Binary number	11	bin(정수)	a=bin(3)
8진수	Octal number	22	oct(정수)	a=oct(18)
16진수	Hexadecimal	2c	hex(정수)	a=hex(44)

돋보기 위에 언급한 함수들의 괄호 안에 정수(또는 실수)를 넣어서 코드 실행을 하면 해당 함수 역할에 맞추어서 실행된다. 여기서 진수에 대해서는 다루지 않는다.

실습 2-1 숫자 정수를 생성하자.

코드 1
```
10              # 정수 실행
a = -10         # 변수 a에 정수 -10을 저장
print(a)        # 변수 a의 내용을 인쇄
```

(결과) -10

코드 2
```
b = int(3.1)    # 변수 b를 정수형으로 설정하고 3을 저장
print(b)
type(b)         # 함수 type(객체)는 주어진 객체의 자료 형태를 제공
```

(결과)
```
3
int
```

정수 자료형을 생성하려면, [코드 1]처럼 변수에 정수를 저장하거나 [코드 2]처럼 함수 int()를 사용한다. 함수 int(실수)는 정수로 변환한다.

실습 2-2 숫자 실수를 생성하자.

코드 1
```
3.1             # 실수 실행
a = -3.1        # 변수 a에 실수 -3.1을 저장
print(a)        # 변수 a의 내용을 인쇄
```

(결과) -3.1

코드 2
```
b = float(2)    # 변수 b를 실수형으로 설정하고 2.0을 저장
print(b)
type(b)
```

(결과)
```
2.0
float
```

실수 자료형을 생성하려면, [코드 1]처럼 변수에 실수를 저장하거나 [코드 2]처럼 함수 float()를 사용한다. 함수 float(정수)는 실수로 변환한다.

실습 2-3 과학적 표현(e 또는 E)으로 실수를 생성하자.

코드 1

```
a = 12e-5
print('a:',a, ', type(a):',type(a))
```

(결과) a: 0.00012 , type(a): <class 'float'>

코드 2

```
b = 3.1E+5
print('b:',b, ', type(b):',type(b))
```

(결과) b: 310000.0 , type(b): <class 'float'>

코드 3

```
print('{:e}'.format(b))
```

(결과) 3.100000e+05

e(또는 E)는 지수(Exponent)라는 의미로 흔히 '0'이 많이 포함되어 있는 숫자(정수 또는 실수)를 표현하는 방식이다. 예를 들면 0.00000005는 5e-8(또는 5E-8)이고, 510000000은 5.1e+8(또는 5.1E+8)이다. 파이썬에서 e의 자료형은 실수이다.

[코드 1]과 [코드 2]는 e(또는 E)을 사용하여 실수를 생성한 결과이다. [코드 3]은 변수 b에 저장되어 있는 실수를 과학적 표현으로 인쇄한 결과이다. 함수 print()의 사용법은 추후 입출력에서 설명한다.

실습 2-4 복소수를 생성하자.

코드 1
```
1+3j
a = 1-3j
print(a)
type(a)
```

(결과)
```
(1-3j)
complex
```

코드 2
```
print(a.real)      # 변수 a에 저장되어 있는 복소수 1-3j의 실수부 출력
print(a.imag)      # 허수부를 출력
```

(결과)
```
1.0
-3.0
```

[코드 2]는 변수 a에 저장되어 있는 복소수 1-3j를 실수부와 허수부로 구분한다. 실수부는 a.real로 허수부는 a.imag로 확인된다.

돋보기 a.real과 a.imag가 무엇인가?

변수 a는 복소수 자료형으로 실수부(1.0)와 허수부(-3.0)르 구성되어 있고 수학적으로 그들을 구분할 필요가 있다. 실수부는 변수명.real과 허수부는 변수명.imag로 실행한다.

숫자의 산술 연산

- 숫자의 산술 연산으로 사칙연산을 생각할 수 있다. 사칙연산은 더하기, 빼기, 곱하기 그리고 나누기가 있다.
- 그 외 산술 연산으로 나머지, 거듭제곱 그리고 몫이 있다.
- 위에서 언급한 산술 연산의 개념 설명은 생략하고, 파이썬에서 제시한 산술 연산자 기호와 사용법을 제시한다.

산술 연산자	의미	예시
+	더하기	a+b
-	빼기	a-b
*	곱하기	a*b
/	나누기	b/a
%	나머지	b%a
**	거듭제곱	a**b
//	몫	a//b

실습 2-5 숫자들의 산술 연산을 수행하자.

코드 1

```
a = 10
b = 4
```

코드 2

```
print('a+b =',a+b)
print('a-b =',a-b)
print('a*b =',a*b)
print('a/b =',a/b)
print('a%b =',a%b)
print('a**b=',a**b)
print('a//b=',a//b)
```

(결과)

```
a+b = 14
a-b = 6
a*b = 40
a/b = 2.5
a%b = 2
a**b= 10000
a//b= 2
```

[코드 1]은 산술 연산에 사용할 정수(또는 실수)들을 생성한다. [코드 2]는 7개 산술 연산자의 수행 및 출력 결과이다. 이들 결과는 다른 변수로 저장할 수 있다. 예를 들면, c= a+b는 변수 c에 14가 저장된다. 다른 산술 연산자의 결과도 마찬가지로 다른 변수로 저장할 수 있다.

변수 a와 b가 모두 정수 자료형으로 산술 연산자를 사용한 후 결과의 자료형을 확인할 필요가 있다. 예를 들면, a+b의 결과는 정수 자료형이지만 a/b는 실수 자료형이다. 모든 산술 연산자의 결과가 실수 자료형으로 표현하고자 한다면 변수 a와 b의 숫자를 실수로 수정하면 된다(a=10.0과 b=4.0).

돋보기 10/0, 10%0 그리고 10//0을 수행하면 어떤 결과가 나타날까? 위 연산들은 수학적으로 정의되어 있지 않다. 따라서 파이썬에도 오류로 나타난다.

대입 연산자

- 대표적인 대입 연산자인 =는 우변의 내용을 좌변의 변수에 저장하는 용도로 사용된다. 예를 들면, 변수명 = 숫자의 형태(a=3)로 사용된다.
- 하나의 숫자를 여러 변수들에 저장하는데도 =가 사용된다. 예를 들면, a1=a2=...=an=3이 있다.
- 그 외 =와 산술 연산자의 결합이다. 이들 연산자들의 사용은 한 변수와 산술 연산자의 결과를 동일 변수에 저장하는 방식이다.

대입 연산자	동일한 연산	
+=	a=a+1	a+=1
-=	a=a-1	a-=1
*=	a=a*2	a*=2
/=	a=a/2	a/=2
%=	a=a%2	a%=2
**=	a=a**2	a**=2
//=	a=a//2	a//=2

실습 2-6 아래 대입 연산자를 수행하자.

코드 1
```
a = 2
b = 2
```

코드 2
```
a = a + 3
print(a)
```

(결과) 5

코드 3
```
b += 3
print(b)
```

(결과) 5

[코드 2]와 [코드 3]은 동일한 더하기 대입 연산이다. 다른 산술 연산자들도 [코드 2]와 [코드 3]의 방식으로 동일한 결과가 나타난다.

실습 2-7 아래 대입 연산자를 수행하자.

코드 1
```
a = 17
b = 9
```

코드 2
```
a = a%b
print(a)
```

(결과) 8

코드 3
```
a = 17
a %= b
print(a)
```

(결과) 8

[코드 2]와 [코드 3]은 동일한 연산자 =와 나머지(%)를 사용한 과정과 결과이다. a%=b(a=a%b)는 연산자를 복합적으로 사용하여 그 결과를 변수 a에 저장한다.

실습 2-8 최대 정숫값을 알아보자.

코드 1
```
import sys
```

코드 2
```
max_int = sys.maxsize
```

코드 3
```
print(max_int)
```

(결과) 9223372036854775807

코드 4
```
list_1 = range(max_int)
print(len(list_1))
```

(결과) 9223372036854775807

코드 5
```
print(max_int+1)
```

(결과) 9223372036854775808

코드 6
```
list_2 = range(max_int+1)
print(len(list_2))
```

(결과)
```
---------------------------------------------------------------------------
OverflowError                             Traceback (most recent call last)
~\AppData\Local\Temp\ipykernel_20652\1032555139.py in <module>
----> 1 print(len(list_2))

OverflowError: Python int too large to convert to C ssize_t
```

[코드 1]에서 sys는 시스템과 관련된 기능을 보유하고 있는 모듈이다. 파이썬에서 모듈은 다양하고 명령어 import로 불러와서 제공된 기능을 사용할 수 있다. [코드 2]와 [코드 3]에서 sys.maxsize는 사용 중인 시스템이 제공할 수 있는 가장 큰 정수를 나타낸다. 보통 가장 큰 정숫값은 2^31-1 또는 2^63-1이다. [코드 4]는 함수 range를 이용해서 0부터 max_int-1까지 순차적으로 정숫값들을 생성하고, 함수 len은 생성된 정숫값들의 개수를 제공한다. [코드 5]는 max_int에 1을 더한 연산이다. 그리고 [코드 6]은 0부터 max_int까지 정숫값들의 개수를 인쇄한 결과이지만 최대 정수 크기를 초과하여 오류가 나왔다.

돋보기 파이썬에서 최대 정숫값은 2^63-1이다. 그러면 이보다 큰 정숫값의 사칙연산은 불가능한가? 답은 아니다. 시스템(컴퓨터)에서 제공되는 메모리 한계에 해당되는 정수 크기까지는 가능하다. 하지만 매우 큰 정숫값을 다루면 그에 상응하게 메모리 사용량이 증가하고 연산 속도가 상대적으로 느려질 수 있다.

실습 2-9 실수 123.657489를 반올림, 소수점 한 자리에서 반올림, 소수점 두 자리에서 반올림 등을 수행하자.

코드 1
```
a = 123.657489
```

코드 2
```
round(a), round(a,0)        # 동일한 결과
```
(결과) (124, 124.0)

코드 3
```
round(a,1)
```
(결과) 123.7

코드 4
```
round(a,2)
```
(결과) 123.66

코드 5
```
round(a,-1)
```
(결과) 120.0

(힌트)

- 함수 round() 용법
  - round(number, digits)
- 함수 round() 인수
  - number: 정수 또는 실수
  - digits(선택): 반올림 자릿수

[코드 2]에서 round(a)와 round(a,0)은 소수점 이하 반올림을 의미한다. 하지만 round(a)와 round(a,0)의 차이점은 결과의 자료형에 있다. round(a)는 정수 자료형이고 round(a,0)은 실수 자료형이다. round(숫자, 자릿수)로 수행한 결과는 모두 실수 자료형이다. [코드 2]에서 한 줄에 두 개의 연산을 수행하려면 콤마(,)로 구분한다.

[코드 5]에서 자릿수(-1)은 일의 자리 반올림을 의미한다. 예를 들면, round(125.2, -1)의 결과는 130.0이고, round(1234.5,-2)는 1200.0이다.

2.1.2 문자열

문자열 자료형 설명

- 기호, 문자, 단어 그리고 문장을 모두 파이썬에서는 문자열로 정의한다.
- 문자열은 자료구조(또는 시퀀스)로 구분되어 개별 문자(또는 기호)로 접근할 수 있다.

문자열 구분

형태	예시
기호	+, -, ×, ÷ 등
문자	A, B, c, 가, 나, 다 등
단어	Sky, blue, 구름, 비 등
문장	Python is a program language. It's a beautiful day. 빨리 성공하려면 더 많이 실패해야 한다. 등

돋보기 기호, 숫자 그리고 문자(문장)는 모두 컴퓨터 메모리에 나름의 방식으로 저장한다. 숫자 자료형에서 변수에 특정 숫자를 저장하면 컴퓨터 메모리에 그 숫자가 할당된다. 이것은 마치 한 상자가 그 숫자를 보관하는 의미와 동일하다. 그리고 보관된 숫자를 변경하지 않은 이상 그 변수에 있는 숫자는 그대로 있다. 문자열도 변수를 이용하여 저장한다. 하지만 컴퓨터 메모리에 그 문자열이 할당되는 방식은 한 개 상자가 아니라 개별 단어(또는 기호)의 수만큼의 상자들에 할당된다. 여기서 숫자와 문자열이 메모리에 할당되는 방식을 매우 간단하게 설명하였다. 혹시 독자분들 중에 메모리 할당 방식에 관한 정보를 알려면 관련 서적 또는 웹서핑을 하길 바란다.

문자열 자료형을 생성하는 방법

구분	예시
작은 따옴표(')로 둘러싸기	'+', 'A', 'Sky', 'Python is a program language.'
큰 따옴표(")로 둘러싸기	"+", "A", "Sky", "Python is a program language."
작은 따옴표 3개로 둘러싸기	''' Sky''', ''' Python is a program language.'''
큰 따옴표 3개로 둘러싸기	" " " Sky" " " , " " " Python is a program language." " "

※ 작은 따옴표나 큰 따옴표의 기능은 차이가 없다.

돋보기 작은 따옴표, 큰 따옴표 차이가 없다. 무엇을 쓸까?

- 작은 따옴표는 문자, 기호, 단어
- 큰 따옴표는 문장
- 작은 따옴표 3개는 여러 문장
- 큰 따옴표는 단락

실습 2-10 Python is a program language. 를 출력하자.

코드 1

```
print("Python is a program language.")          # 큰 따옴표
```

(결과) Python is a program language.

코드 2

```
b = 'Python is a program language.'          # 작은 따옴표
print(b)
```

(결과) Python is a program language.

실습 2-11 작은 따옴표가 있는 문장, It's a beautiful day. 를 출력하자.

코드 1
```
print("It's a beautiful day.")                    # 큰 따옴표
```
(결과) It's a beautiful day.

코드 2
```
print('It\'s a beautiful day.')                   # 작은 따옴표
```
(결과) It's a beautiful day.

[코드 1]에서 큰 따옴표를 사용하면 문장 안에 작은 따옴표는 자동으로 인쇄된다. 하지만 [코드 2]에서 작은 따옴표를 사용하면 문장 안에 있는 작은 따옴표 앞에 백슬래시(\)를 위치시켜야 작은 따옴표가 인쇄된다.

이스케이프 시퀀스(Escape sequence)

일부 특수문자가 문자열에 포함되어 있으면 파이썬 코드를 실행하면 오류가 발생한다. 이를 방지하기 위해 그 특수문자 앞에 백슬래시(\)를 위치시켜서 코드를 실행한다. 이를 이스케이프 시퀀스라 한다. 다음은 주요 이스케이프 시퀀스이다.

이스케이프 시퀀스	의미	문자열 예시
\'	작은 따옴표	코드: print('It\'s a nice day.') 결과: It's a nice day.
\"	큰 따옴표	코드: print("\"It's a nice day.\"") 결과: "It's a nice day."
\\	백슬래시	코드: print('(\\\')은 작은 따옴표 표현') 결과: (\')은 작은 따옴표 표현
\t	수평 탭	코드: print("(\\\"):\t 큰 따옴표 표현") 결과: (\"): 큰 따옴표 표현
\n	줄 바꿈	코드: print("Line 1 문장\nLine 2 문장") 결과: Line 1 문장 Line 2 문장

문자열의 위치 파악 - 인덱스(Index) 또는 인덱싱(Indexing)

어떤 문자열을 변수에 저장하게 되면 개별 문자가 메모리에 저장되고, 개별 문자의 위치가 부여된다. 이 위치를 인덱스라고 한다. 변수에 저장된 문자열의 위치는 앞 첫 문자부터 양의 정수 0으로 시작해서 1씩 증가하면서 인덱스가 부여되고, 마지막 문자로부터 시작하면 -1부터 1씩 차감되어 인덱스가 부여된다. 그리고 문자열에서 특정 위치의 문자(또는 숫자)를 가지고 오는 행위를 인덱싱이라고 한다.

a="부산 해운대!"

변수	a						
인덱스	a[0]	a[1]	a[2]	a[3]	a[4]	a[5]	a[6]
문자열	부	산		해	운	대	!
인덱스	a[-7]	a[-6]	a[-5]	a[-4]	a[-3]	a[-2]	a[-1]

〈그림〉 문자열 인덱스

실습 2-12 문자열, Life is short. 의 위치를 파악하자.

코드 1

```
a="Life is short."
print(a)
```

(결과)

```
Life is short.
```

코드 2

```
print(a[0])            # 첫 문자
print(a[13])           # 마지막 문자
```

(결과)

```
L
.
```

코드 3

```
print(a[-14])          # 첫 문자
print(a[-1])           # 마지막 문자
```

(결과)

```
L
.
```

슬라이싱(Slicing) - 부분 문자열 선택 및 추출

슬라이싱은 문자열의 일부분을 선택(추출)하는데 사용되는 매우 유용한 방법이다. 예를 들면 변수 a에 문자열 "부산 해운대!"가 저장되어 있고, 단어 "해운대"만을 추출하려고 한다. "해운대"는 인덱스 a[2]부터 a[4]까지 범위로 이 부분을 선택하여 그 부분을 인쇄하거나 다른 변수에 저장하면 된다.

a="부산 해운대!"

변수	a						
인덱스	a[0]	a[1]	a[2]	a[3]	a[4]	a[5]	a[6]
문자열	부	산		해	운	대	!
인덱스	a[-7]	a[-6]	a[-5]	a[-4]	a[-3]	a[-2]	a[-1]
선택				선택			

〈그림〉 부분 문자열 선택

연산자 콜론(:) 사용법 - 부분 범위 선택

연산자 콜론 용법

start:end:step

여기서 start는 시작 인덱스, end는 끝 인덱스에서 1을 더한 값 그리고 step은 간격이다. 예를 들면, 0:5:1(또는 0:5)은 인덱스 0부터 시작해서 1씩 증가해서 인덱스 4까지 범위(0, 1, 2, 3, 4)이다.

실습 2-13 문자열, 0123456789의 부분을 추출하라. 단 연산자 콜론을 사용하자.

코드 1
```
a="0123456789"
print(a)
```
(결과) 0123456789

코드 2
```
a[0:5]
```
(결과) '01234'

코드 3
```
a[2:6:2]
```
(결과) '24'

코드 4
```
len(a)                    # 함수 len(a)는 문자열 길이 반환
```
(결과) 10

코드 5
```
b = a[1:len(a):2]
print(b)
```
(결과) 13579

[코드 4]에서 함수 len(a)는 변수 a에 저장되어 있는 문자열의 크기를 정수 자료형으로 알려준다.

문자열 연산

- 문자열들을 산술 연산자(+)를 이용하여 결합한다.
- 문자열을 곱하기 연산자(*)를 이용하여 동일한 문자열을 반복 생성한다.

실습 2-14 문자열과 문자열을 합치고 복제하자.

코드 1
```
a="0123"
b="456"
c="789"
```

코드 2
```
a+b+c
```

(결과) '0123456789'

코드 3
```
a*2
```

(결과) '01230123'

실습 2-15 주어진 문자열에서 특정 위치의 내용을 변경하고 이스케이프를 삽입하라.

코드 1
```
a1="가장 갑진 교훈의 대부분은"
a2="실패와 실수로부터 얻어진다."
```

코드 2
```
a1=a1[0:3]+"값"+a1[4:]                    # 오타 "갑"을 "값"으로 수정
print(a1)
```

(결과) 가장 값진 교훈의 대부분은

코드 3
```
a = a1+'\n'+a2                    # 두 문자열을 줄 바꿈으로 합치자.
print(a)
```

(결과)
가장 값진 교훈의 대부분은
실패와 실수로부터 얻어진다.

문자열의 조작

- 문자열이 저장된 변수에서 (특정) 문자의 개수, 대(소)문자 변화 등 다양한 조작이 가능한 기능들이 있다.
- 이러한 기능들은 "변수명.함수명"으로 정의되고, 함수들 목록은 다음과 같다.

실습 2-16 문자열 'FFFMMFMFMM'에서 F는 0으로 M은 1로 변환하자. (힌트. 문자열 함수 replace를 이용하자.)

코드 1
```
a='FFFMMFMFMM'
```

코드 2
```
b=a.replace('M','1')            # a.replace('M',1)로 수행하면 오류 발생
print(b)
```

(결과) FFF11F1F11

코드 3
```
b.replace('F','0')
```

(결과) '0001101011'

코드 4
```
c=b.replace('F','0')
print(c)
```

(결과) 0001101011

[코드 1]부터 [코드 3]은 변수명.replace 방법(a.replace())로 특정 문자를 숫자로 변경한 코드이다. [코드 4]의 결과는 숫자가 아닌 문자이다. 즉, c+2를 수행하면 오류가 나타난다.

문자열 조작에 사용되는 주요 함수명

<table>
<tr><th>함수명</th><th colspan="4">기능</th></tr>
<tr><td rowspan="2">count</td><td colspan="4">주어진 문자열에서 특정 문자의 개수를 제시</td></tr>
<tr><td>코드</td><td>a='데이터사이언스'
a.count('이')</td><td>결과</td><td>2</td></tr>
<tr><td rowspan="4">find</td><td colspan="4">주어진 문자열에서 특정 문자의 위치를 제시</td></tr>
<tr><td>코드</td><td>a='데이터사이언스'
a.find('사')</td><td>결과</td><td>3</td></tr>
<tr><td colspan="4">만약 특정 문자가 존재하지 않는다면 -1을 제시</td></tr>
<tr><td>코드</td><td>a='데이터사이언스'
a.find('가')</td><td>결과</td><td>-1</td></tr>
<tr><td rowspan="2">join</td><td colspan="4">주어진 문자열 사이에 새로운 문자열을 삽입</td></tr>
<tr><td>코드</td><td>'/'.join(['데이터','사이언스','2024'])</td><td>결과</td><td>'데이터/사이언스/2024'</td></tr>
<tr><td rowspan="2">lower</td><td colspan="4">주어진 문자열을 소문자로 변환</td></tr>
<tr><td>코드</td><td>a= 'dATASCIENCE'
a.lower()</td><td>결과</td><td>'datascience'</td></tr>
<tr><td rowspan="2">islower</td><td colspan="4">주어진 문자열의 모든 문자가 소문자인지 판별(True/False)</td></tr>
<tr><td>코드</td><td>a='Datascience'
a.islower()</td><td>결과</td><td>False</td></tr>
<tr><td rowspan="2">upper</td><td colspan="4">주어진 문자열을 대문자로 변환</td></tr>
<tr><td>코드</td><td>a='Datascience'
a.upper()</td><td>결과</td><td>'DATASCIENCE'</td></tr>
<tr><td rowspan="2">isupper</td><td colspan="4">주어진 문자열의 모든 문자가 소문자인지 판별(True/False)</td></tr>
<tr><td>코드</td><td>a= 'Datascience'
a.isupper()</td><td>결과</td><td>False</td></tr>
<tr><td rowspan="2">capitalize</td><td colspan="4">주어진 문자열의 첫 문자를 대문자로 변환</td></tr>
<tr><td>코드</td><td>a='datascience'
a.capitalize()</td><td>결과</td><td>'Datascience'</td></tr>
<tr><td rowspan="2">strip</td><td colspan="4">주어진 문자열의 양쪽 공백(띄어쓰기) 지우기</td></tr>
<tr><td>코드</td><td>a='   2024Data   '
a.strip()</td><td>결과</td><td>'2024Data'</td></tr>
<tr><td rowspan="2">lstrip</td><td colspan="4">주어진 문자열의 왼쪽 공백 지우기</td></tr>
<tr><td>코드</td><td>a='   2024Data   '
a.lstrip()</td><td>결과</td><td>'2024Data   '</td></tr>
</table>

함수명	기능	코드	결과
rstrip	주어진 문자열의 오른쪽 공백 지우기	a=' 2024Data ' a.rstrip()	' 2024Data'
replace	주어진 문자열에서 특정 문자를 다른 문자로 바꾸기	a= '저는 커피를 좋아합니다.' a.replace('커피','밀크티')	'저는 밀크티를 좋아합니다.'
split	주어진 문자열의 공백을 기준으로 문자열을 리스트로 분리	a= '융합 데이터 공학' a.split()	['융합', '데이터', '공학']
split('sep')	특정 문자를 sep 기준으로 문자열을 리스트 분리	'융합!데이터!공학'.split('!')	['융합', '데이터', '공학']
isalpha	주어진 문자열의 모든 항목이 문자 여부 단별	'Datascience'.isalpha()	True
isalnum	주어진 문자열에 문자와 숫자로 혼합 여부 판별	'Datascience2024'.isalnum()	True
isdecimal	주어진 문자열의 모든 항목이 숫자 여부 단별	'Datascience2024'.isdecimal()	False
isspace	주어진 문자열이 공백 여부 판별	'Science'.isspace()	False
swapcase	주어진 문자열에서 대문자(소문자)는 소문자(대문자)로 변환	'bIGdATAsCIENCE'.swapcase()	'BigDataScience'
title	주어진 문자열의 각 단어의 첫 문자를 대문자로 반환	'big data analysis'.title()	'Big Data Analysis'
istitle	주어진 문자열의 각 단어의 첫 문자가 대문자 여부 판별	'Big Data Analysis'.istitle()	True
startswith	주어진 문자열에서 첫 문자가 특정 문자 여부 판별	'BigData'.startswith('Big')	True
endswith	주어진 문자열에서 마지막 문자가 특정 문자 여부 판별	'2024융합데이터'.endswith('터')	True

2.1.3 리스트(List)

리스트 자료형 설명

- 리스트는 자료구조(또는 시퀀스)로 여러 항목들(문자(열) 또는 숫자)이 순서대로 저장된다.
- 문자열의 인덱스와 동일하게 개별 항목에 인덱스가 있다.

리스트 생성 방법

(변수명 =) [문자(숫자)1, 문자(숫자)2, ..., 문자(숫자)n]

리스트는 항목들을 대괄호(꺾쇠부호)'[ ]'로 감싸고 항목의 구분은 콤마','로 한다. 여기서 (변수명=)은 생략이 가능하다. 그러나 리스트를 저장하려면 변수명을 필히 사용해야 한다.

예제	리스트
소수들의 모임	[1,2,3,5,7,11]
5로 나눈 나머지들	[0,1,2,3,4]
일부 알파벳	['a','B','가','나']
기상 상태	['비','맑음','흐림']
테니스 선수	['페더러','나달','조코비치']

실습 2-17 주석(#)에서 제시한 내용으로 리스트를 생성하자.

코드 1
```
# 10 미만의 소수들을 리스트로 만들자.
a = [2,3,5,7]
print(a)
```
(결과)
```
[2, 3, 5, 7]
```
코드 2
```
# 일부 색깔을 리스트로 만들자.
b = ['red','blue','black']
print(b)
```
(결과)
```
['red', 'blue', 'black']
```
코드 3
```
# 소수와 색깔을 한 변수로 저장한 리스트를 만들자.
c = [2,3,5,7,'red','blue','black']
print(c)
type(c)
```
(결과)
```
[2, 3, 5, 7, 'red', 'blue', 'black']
list
```

[코드 1]에서 10 미만 소수로 리스트가 생성되었다. [코드 2]는 문자열들로 리스트가 구성되었다. [코드 3]은 숫자와 문자열로 리스트가 구성되었다. 그리고 변수 c의 자료형이 리스트로 확인되었다. 여기서 자료형을 확인하는 함수 type()이 사용된다.

실습 2-18 리스트의 인덱스와 슬라이싱을 적용하자.

코드 1
```
c = [2,3,5,7,'red','blue','black']
print(c)
```
(결과) [2, 3, 5, 7, 'red', 'blue', 'black']

코드 2
```
# 숫자들만 추출하자
a = c[0:4]
print(a)
```
(결과) [2, 3, 5, 7]

코드 3
```
# 문자열만 추출하자.
b = c[4:]
print(b)
```
(결과) ['red', 'blue', 'black']

코드 4
```
d = c[-3:]
print(d)
```
(결과) ['red', 'blue', 'black']

[코드 1]에서 리스트 변수 c를 생성한다. [코드 2]는 슬라이싱(0:4)을 사용하여 숫자들만 추출하였다. [코드 3]에서 슬라이싱 "4:"는 인덱스 4에서 시작해서 마지막 인덱스를 의미한다. [코드 4]는 "-3:"이 적용되었고 [코드 3]과 동일한 결과가 나타난다.

리스트의 연산

- 리스트 연산은 더하기(+)와 곱하기(*)가 있다.
- 문자열 연산과 동일한 사용법과 의미를 가지고 있다.
- "리스트+리스트" 및 "리스트*양의 정수"로 사용된다.
- 수치 연산은 개별 숫자별로 수행한다.

실습 2-19 리스트 연산을 수행하자.

코드 1
```
a = [1,2,3,4]
b = [5,6,7,8]
```

코드 2
```
a+b
```

(결과) [1, 2, 3, 4, 5, 6, 7, 8]

코드 3
```
a*2
```

(결과) [1, 2, 3, 4, 1, 2, 3, 4]

코드 4
```
a[0]*2
```

(결과) 2

코드 5
```
[a[1]/4, a[2]**2, a[2]%3, a[2]//3]        # 결과를 리스트로 표현
```

(결과) [0.5, 9, 0, 1]

[코드 5]에서 개별 숫자의 수치 연산을 수행하고 그 결과를 리스트로 생성한다.

리스트 조작

- 리스트 조작은 항목 수정, 삭제 그리고 추가가 있다.
- 그 외에도 "변수명.함수명"으로 여러 조작을 수행한다.

실습 2-20 리스트의 항목을 수정, 삭제, 추가를 수행하자.

코드 1

```
a=[0,1,2,3,4,5]
```

코드 2

```
# 4번째 항목을 변경하자.
a[3] = 3
print(a)
```

(결과) [0, 1, 2, 3, 4, 5]

코드 3

```
# 3번째 항목을 삭제하자.
del a[2]
print(a)
```

(결과) [0, 1, 3, 4, 5]

코드 4

```
# 2번째와 3번째 사이에 숫자 3을 추가하자.
a = a[0:2]+[2]+a[2:]
print(a)
```

(결과) [0, 1, 2, 3, 4, 5]

[코드 3]에서 리스트의 특정 항목을 삭제하려면 명령어 del을 사용한다. 명령어 del의 용법은 "del 리스트 변수명[범위]"이다.

리스트 조작에 사용되는 주요 함수

함수명	기능			
append	리스트 끝에 항목 추가			
	코드	color=["red",100,"green",99] color.append("yellow") print(color)	결과	['red',100,'green',99,'yellow']
clear	리스트 모든 항목 제거			
	코드	color=["red",100,"bluev","green",99] color.clear() print(color)	결과	[]
copy	리스트 복사			
	코드	color=["red",100,"blue","green",99] a=color.copy() print(a)	결과	['red', 100, 'blue', 'green', 99]
count	리스트 내 특정 항목의 개수			
	코드	color=["red",1,"red",2,"red","blue"] a=color.count("red") print(a)	결과	3
extend	리스트 끝에 다른 리스트 추가			
	코드	color=["red",100,"blue","green"] animals=["dog",9,"cat",1] color.extend(animals) print(color)	결과	['red',100,'blue','green','dog',9,'cat',1]
index	리스트 내 특정 항목이 있는 첫 번째 인덱스 제시			
	코드	color=["red",100,"blue","green",99] a=color.index("green") print(a)	결과	3
insert	리스트 내 특정 위치에 항목 추가			
	코드	color=["red",100,"blue","green"] color.insert(3,"yellow7") print(color)	결과	['red', 100, 'blue', 'yellow7', 'green']
pop	리스트 내 특정 위치의 항목 제거			
	코드	color=["red",100,"blue","green",99] color.pop(2) print(color)	결과	['red', 100, 'green', 99]

함수명	기능			
remove	리스트 내 특정 항목을 제거			
	코드	color=["red",100,"blue","green",99] color.remove("red") print(color)	결과	[100, 'blue', 'green', 99]
reverse	리스트의 순서 뒤집기			
	코드	color=["red",100,"blue","green",99] color.reverse() print(color)	결과	[99, 'green', 'blue', 100, 'red']
sort	리스트 항목 정렬			
	코드	color=["red","yellow","blue"] color.sort() print(color)	결과	['blue', 'red', 'yellow']

실습 2-21 리스트 안에 리스트를 생성하고, 인덱스를 수행하자.

코드 1
```
a = [2,3.14,['red','black'],7,11]
print(a)
```
(결과) [2, 3.14, ['red', 'black'], 7, 11]

코드 2
```
a[2]          # 인덱스 2(3번째 항목)인 리스트 표시
```
(결과) ['red', 'black']

코드 3
```
a[2][1]       # 인덱스 2(3번째 항목) 리스트 중 인덱스 1 항목 표시
```
(결과) 'black'

코드 4
```
type(a[0])    # 인덱스 0 항목의 데이터 형식은 정수
```
(결과) int

코드 5
```
type(a[1])    # 인덱스 1 항목의 데이터 형식은 실수
```
(결과) float

코드 6
```
type(a[2])    # 인덱스 2 항목의 데이터 형식은 리스트
```
(결과) list

2.1.4 튜플(Tuple)

튜플 자료형 설명

- 튜플도 리스트와 마찬가지로 여러 항목들(문자(열) 또는 숫자)의 모임이고 개별 항목이 순서대로 메모리에 할당된다.
- 리스트와 동일하게 개별 항목의 위치를 알 수 있는 인덱스와 특정 범위를 선택할 수 있는 슬라이싱이 있다.
- 리스트와 다른 점은 항목의 수정, 삭제 그리고 추가가 불가능하다.

튜플 생성 방법

(변수명 =) (문자(숫자)1, 문자(숫자)2, ..., 문자(숫자)n)

또는

(변수명 =) 문자(숫자)1, 문자(숫자)2, ..., 문자(숫자)n

튜플은 항목들을 괄호'()'로 감싸고 항목들의 구분은 콤마','로 한다. 또한 괄호 없이 항목들을 콤마로 구분해도 된다.

예제	튜플
소수들의 모임	(1,2,3,5,7,11)
5로 나눈 나머지들	(0,1,2,3,4)
일부 알파벳	('a','B','가','나')
기상 상태	('비','맑음','흐림')
테니스 선수	('페더러','나달','조코비치')

실습 2-22 주석에서 제시한 항목들로 튜플을 생성하자.

코드 1
```
# 10 미만의 소수들을 튜플로 만들자.
a = (2,3,5,7)
print(a)
```
(결과)
```
(2, 3, 5, 7)
```

코드 2
```
# 일부 색깔을 튜플로 만들자.
b=('red','blue','black')
print(b)
```
(결과)
```
('red', 'blue', 'black')
```

코드 3
```
# 소수와 색깔을 한 변수로 저장한 튜플을 만들자.
c = 2,3,5,7,'red','blue','black'
print(c)
type(c)
```
(결과)
```
(2, 3, 5, 7, 'red', 'blue', 'black')
tuple
```

코드 4
```
# 튜플 안에 튜플을 만들자.
d = ('10 미만 소수',2,3,5,7),11,13
print(d)
```
(결과)
```
(('10 미만 소수', 2, 3, 5, 7), 11, 13)
```

실습 2-23 튜플의 인덱스와 슬라이싱을 적용하자.

코드 1
```
d = ('10 미만 소수',2,3,5,7),11,13
print(d)
```
(결과)
```
(('10 미만 소수', 2, 3, 5, 7), 11, 13)
```

코드 2
```
# 10 미만 소수들만 추출하자.
a = d[0][1:]
print(a)
```
(결과)
```
(2, 3, 5, 7)
```

튜플의 연산

- 튜플 연산은 더하기(+)와 곱하기(*)가 있다.
- 리스트 연산과 동일한 사용법 및 의미를 가지고 있다.
- "리스트+리스트" 및 "리스트*양의 정수"로 사용된다.
- 수치 연산은 개별 숫자별로 수행한다.

실습 2-24 튜플 연산을 수행하자.

코드 1
```
a = 1,2,3,4
b = 5,6,7,8
```

코드 2
```
c = a+b                                    # 두 튜플의 결합
print(c)
```
(결과) (1, 2, 3, 4, 5, 6, 7, 8)

코드 3
```
a*2                                        # 튜플의 복제
```
(결과) (1, 2, 3, 4, 1, 2, 3, 4)

코드 4
```
a[0]*2                                     # 튜플 개별 항목의 수치 연산
```
(결과) 2

코드 5
```
d = [a[1]/4, a[2]**2, a[2]%3, a[2]//3]     # 결과를 리스트로 표현
print(d)
type(d)
```
(결과)
```
[0.5, 9, 0, 1]
list
```

코드 6
```
e = a[1]/4, a[2]**2, a[2]%3, a[2]//3       # 결과를 튜플로 표현
print(e)
```
(결과) (0.5, 9, 0, 1)

2.1.5 딕셔너리(Dictionary)

딕셔너리 자료형 설명

- 사전은 "단어(또는 용어)를 모아 일정한 순서로 나열하여 표기법, 발음, 어원, 의미 등을 설명"한 책이다.
- 파이썬에서 딕셔너리는 "연관 관계(연관 배열)"의 개념을 도입하여 마치 사전과 같은 기능이 있다.
- 예를 들면, 영어 사전에서 특정 단어를 찾으면 발음, 의미 등을 제시한다. 딕셔너리도 키(key, 특정 단어)와 값(values, 발음, 의미 등)으로 표현한다.
- 딕셔너리가 리스트와 튜플의 차이점은 연관성 유무에 있다. 리스트나 튜플은 단순히 어떤 데이터의 모임으로만 표현하고 연관성은 없다.

돋보기 연관 배열(associative array)은 자료구조의 하나로, 하나의 키와 대응되는 값들이 연관되어 있으며 키(key)를 통해 연관되는 값(values)들을 알 수 있다.

딕셔너리 생성 방법

변수명 = {key 1:values 1, ..., key n:values n}

실습 2-25 행정구역과 도청 소재지로 딕셔너리를 생성하자.

코드 1
```
# 리스트 생성
city = ['청주','춘천','안동']
div = ['충청북도','강원도','경상북도']
```

코드 2
```
# 딕셔너리 생성
{'충청북도': '청주', '강원도': '춘천', '경상북도': '안동'}
```

(결과) {'충청북도': '청주', '강원도': '춘천', '경상북도': '안동'}

코드 3
```
Kor_div={"충청북도":"청주","강원도":"춘천","경상북도":"안동"}
print(Kor_div)
```

(결과) {'충청북도': '청주', '강원도': '춘천', '경상북도': '안동'}

리스트는 행정구역과 도청 소재에 해당하는 변수를 별도로 생성해야 한다. 하지만 딕셔너리는 하나의 변수로 생성된다. 이것이 가능한 이유는 딕셔너리의 대응 원리(연관 배열)에 기인한다.

실습 2-26 딕셔너리의 키를 이용하여 대응되는 값을 찾자.

코드 1
```
# 리스트의 인덱스
city = ["청주","춘천","안동"]
div = ["충청북도","강원도","경상북도"]
print(div[0],city[0])
```

(결과) 충청북도 청주

코드 2
```
# 딕셔너리의 키 이용
Kor_div={"충청북도":"청주","강원도":"춘천","경상북도":"안동"}
print(Kor_div["충청북도"])
```

(결과) 청주

리스트는 행정구역과 도시의 인덱스들을 기억해야 하는 번거로움이 있다. 반면 딕셔너리는 키(행정구역)만 기억하면 값(도시)이 자동적으로 제시된다.

딕셔너리의 조작

- 딕셔너리의 키는 오로지 한 개이고 이 키에 해당하는 값은 여러 값들로 설정해도 된다.
- 딕셔너리의 조작에서 키와 값의 삭제, 추가 그리고 변경이 있다.

실습 2-27 딕셔너리의 추가 및 삭제를 구현하라.

코드 1
```
# 딕셔너리를 생성하자.
dic = {'소수':[2,3,5],'양의 정수':[2,4,6,8,10]}
print(dic)
```
(결과) {'소수': [2, 3, 5], '양의 정수': [2, 4, 6, 8, 10]}

코드 2
```
# 키와 값을 추가하자.
dic['3의 배수']=[3,6,9]
print(dic)
```
(결과) {'소수': [2, 3, 5], '양의 정수': [2, 4, 6, 8, 10], '3의 배수': [3, 6, 9]}

코드 3
```
# 특정 키와 값들을 삭제하자.
del dic['3의 배수']
print(dic)
```
(결과) {'소수': [2, 3, 5], '양의 정수': [2, 4, 6, 8, 10]}

코드 4
```
# 특정 키에 값을 덮어쓰자.
dic['소수']=7
print(dic)
```
(결과) {'소수': 7, '양의 정수': [2, 4, 6, 8, 10]}

코드 5
```
# 특정 키에 값을 추가하자.
dic['소수'].append(11)
print(dic)
```
(결과) {'소수':[7,11], '양의 정수':[2, 4, 8, 10]}

[코드 2]에서 새로운 키와 값들을 추가한다. [코드 3]은 특정 키와 값들이 삭제된다. [코드 4]에서 특정 키에 값을 저장하면 덮어쓰기로 수행된다. [코드 5]에서 특정 키에 값이 추가된다.

딕셔너리에 사용되는 함수

<table>
<tr><th>함수명</th><th colspan="4">기능</th></tr>
<tr><td rowspan="2">keys</td><td colspan="4">모든 키들을 반환</td></tr>
<tr><td>코드</td><td>dic = {'k1':'v1','k2':['v21','v22']}
print(dic.keys())</td><td>결과</td><td>dict_keys(['k1', 'k2'])</td></tr>
<tr><td rowspan="2">values</td><td colspan="4">모든 값들을 반환</td></tr>
<tr><td>코드</td><td>print(dic.values())</td><td>결과</td><td>dict_values(['v1', ['v21', 'v22']])</td></tr>
<tr><td rowspan="2">items</td><td colspan="4">모든 키들과 값들을 반환</td></tr>
<tr><td>코드</td><td>print(dic.items())</td><td>결과</td><td>dict_items([('k1', 'v1'), ('k2', ['v21', 'v22'])])</td></tr>
<tr><td rowspan="2">get</td><td colspan="4">키를 통해 값을 반환</td></tr>
<tr><td>코드</td><td>print(dic.get('k2'))</td><td>결과</td><td>['v21', 'v22']</td></tr>
<tr><td rowspan="2">del</td><td colspan="4">특정 키와 값을 삭제</td></tr>
<tr><td>코드</td><td>del dic['k2']
print(dic)</td><td>결과</td><td>{'k1': 'v1'}</td></tr>
<tr><td rowspan="2">clear</td><td colspan="4">모든 키들과 값들을 삭제</td></tr>
<tr><td>코드</td><td>dic.clear()
print(dic)</td><td>결과</td><td>{}</td></tr>
</table>

돋보기 여러 딕셔너리를 결합하는데 연산자(**, unpack operator)를 사용한다. 사용법은 "(**dictionary 1, ..., **dictionary n)"이다.

실습 2-28 연사자(**)를 사용하여 딕셔너리들을 병합하자.

코드 1
```
d1 = {'k11':'v111', 'k12':['v121','v122']}    # d1과 d3에 동일한 키가 존재
d2 = {'k21':['v211','v212'], 'k22':'v221'}
d3 = {'k11':'v'}
```

코드 2
```
{**d1,**d2}                                   # d1과 d2를 병합
```

(결과)
```
{'k11': 'v111',
 'k12': ['v121', 'v122'],
 'k21': ['v211', 'v212'],
 'k22': 'v221'}
```

코드 3
```
{**d2,**d1}
```

(결과)
```
{'k21': ['v211', 'v212'],
 'k22': 'v221',
 'k11': 'v111',
 'k12': ['v121', 'v122']}
```

코드 4
```
{**d1,**d3}          # 동일한 키가 있으면 나중 딕셔너리의 키와 값이 덮어쓴다.
```

(결과)
```
{'k11': 'v', 'k12': ['v121', 'v122']}
```

코드 5
```
{**d3,**d1}          # 동일한 키가 있으면 나중 딕셔너리의 키와 값이 덮어쓴다.
```

(결과)
```
{'k11': 'v111', 'k12': ['v121', 'v122']}
```

연산자(**)는 여러 딕셔너리들을 병합한다. 단 중복키의 값들은 추가되지 못하고, 나중 딕셔너리의 중복키와 값(들)으로 덮어쓴다.

2.1.6 세트(Set)

세트 자료형 설명

- 수학에서 배운 집합과 파이썬의 세트 특성은 동일하다.
- 세트도 리스트와 튜플과 같이 데이터의 모임이다.
- 리스트와 튜플은 항목들의 순서가 있어 인덱스가 있지만, 세트는 순서가 없어 인덱스가 없다.
- 리스트와 튜플은 중복된 항목이 있지만, 세트는 중복된 항목이 없다.

세트 생성 방법

```
변수명 = set(문자열)
변수명 = set(리스트)
변수명 = set(튜플)
변수명 = set(딕셔너리)
```

실습 2-29 주석에서 제시한 방법으로 세트를 생성하자.

코드 1

```
# 문자열로 세트를 생성하자.
A = set('Python')
print(A)
```

(결과) {'y', 't', 'o', 'n', 'P', 'h'}

코드 2

```
# 리스트로 세트를 생성하자.
B = set(['a','b',1,2,3])
print(B)
```

(결과) {1, 2, 3, 'b', 'a'}

코드 3

```
# 튜플로 세트를 생성하자.
C = set(('a','b',1,2,3))
print(C)
```

(결과) {1, 2, 3, 'b', 'a'}

코드 4

```
# 딕셔너리로 세트를 생성하자.
d = {'k1':[1,2,3],'k2':'v1'}
D = set(d)
print(D)
F = set(d['k1'])
print(F)
```

(결과)

```
{'k2', 'k1'}
{1, 2, 3}
```

[코드 4]에서 딕셔너리를 세트로 설정하면 키들만 가지고 온다. 딕셔너리의 특정 키를 지정해서 세트로 설정하면 그 값들이 세트로 설정된다. 세트는 순서와 인덱스가 없다. 그래서 모든 세트의 인쇄(print) 결과에서 항목들의 순서는 의미가 없다.

세트의 연산

- 합집합의 연산 방법 (연산자 "|"을 사용한다.)
  변수명들의 모든 항목들이 병합되고 중복된 항도들은 한 번만 사용된다.

```
(변수명)|(변수명)
(변수명)|(변수명)|...|(변수명)
```

- 교집합의 연산 방법 (연산자 "&"을 사용한다.)
  변수명의 모든 항목들 중 중복되는 항목들만 선별된다.

```
(변수명)&(변수명)
(변수명)&(변수명)&...&(변수명)
```

- 차집합의 연산 방법 (연산자 "-"을 사용한다.)
  변수명의 모든 항목들 중 앞 변수명 기준으로 증복되지 않은 항목만 선별된다.

```
(변수명)-(변수명)
```

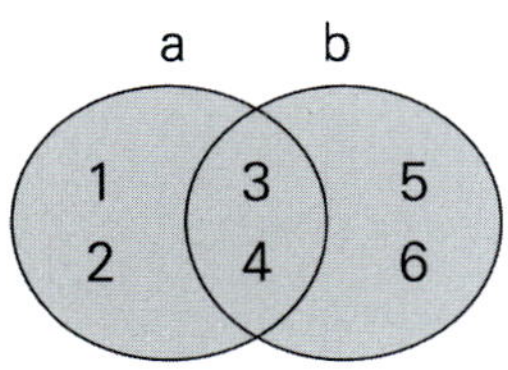

a | b

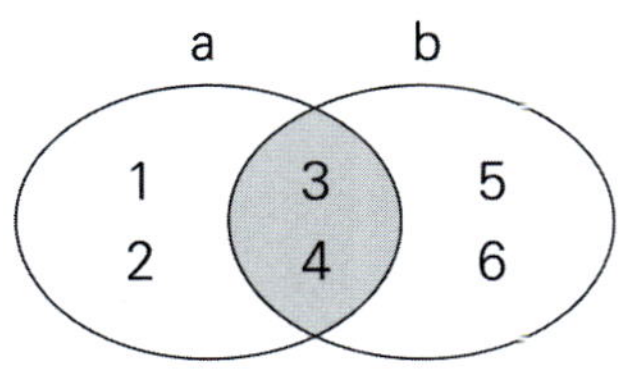

a & b

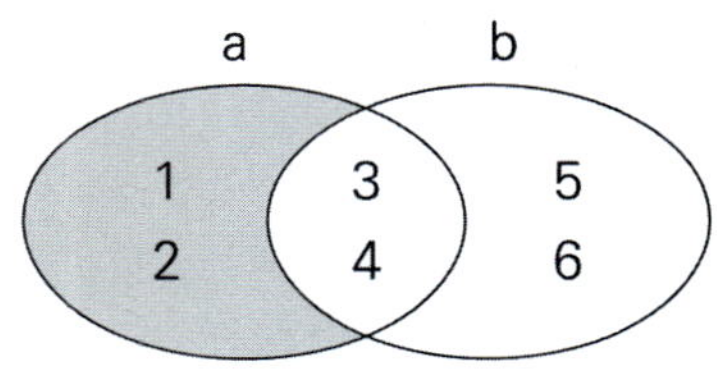

a - b

실습 2-30 10 미만 자연수에서 2의 배수와 3의 배수를 집합으로 생성하자. 2의 배수와 3의 배수의 합집합, 교집합 그리고 차집합으로 구성해서 수행하자.

코드 1

```
# 세트 생성
A = set((3,6,9))
B = {(2,4,6,8)}          # 간단한 세트 생성 방법
```

코드 2

```
# 합집합
AorB = A|B
print(AorB)
```

(결과) {2, 3, 4, 6, 8, 9}

코드 3

```
# 교집합
AandB = A&B
print(AandB)
```

(결과) {6}

코드 4

```
# 차집합
AdffB = A-B
print(AdffB)
```

(결과) {9, 3}

세트에 사용되는 함수

함수명	기능			
keys	키들을 한 번에 반환			
	코드	dic = {'k1':'v1','k2':['k1','k22']} print(dic.keys())	결과	dict_keys(['k1', 'k2'])
values	값들을 한 번에 반환			
	코드	print(dic.values())	결과	dict_values(['v1', ['k1', 'k22']])
items	키와 값을 한 번에 반환			
	코드	print(dic.items())	결과	dict_items([('k1', 'v1'), ('k2', [k1', 'k22'])])
get	키를 통해 값을 반환			
	코드	print(dic.get('k2'))	결과	['k1', 'k22']
del	한 쌍의 키와 값을 삭제			
	코드	del dic['k2'] print(dic)	결과	{'k1': 'v1'}
clear	딕셔너리 모든 키, 값 삭제			
	코드	dic.clear() print(dic)	결과	{}
add	한 개 항목 추가			
	코드	s={'math', 'english'} s.add('korea') print(s)	결과	{'math', 'english', 'korea'}
update	여러 항목들 추가			
	코드	s={'math', 'english'} s.update({'korea', 'society'}) print(s)	결과	{'math', 'english', 'korea', 'society'}
remove	특정 항목(들) 제거 단, 특정 항목이 없으면 오류 전달			
	코드	s={'math','english','korea','society'} s.remove('society') print(s)	결과	{'math', 'english', 'korean'}

<table>
<tr><th>함수명</th><th colspan="4">기능</th></tr>
<tr><td rowspan="2">discard</td><td colspan="4">특정 항목(들) 제거
단, 특정 항목이 없으면 오류 없음</td></tr>
<tr><td>코드</td><td>s={‘math’, ‘science’, ‘english’, ‘korea’, ‘society’}
s.discard(‘korea’)
print(s)</td><td>결과</td><td>{‘math’, ‘science’, ‘english’, ‘society’}</td></tr>
<tr><td rowspan="2">pop</td><td colspan="4">맨 앞 항목을 보여주고 제거</td></tr>
<tr><td>코드</td><td>s={‘math’, ‘science’, ‘english’}
print(s.pop())
print(s)</td><td>결과</td><td>math
{‘science’, ‘english’}</td></tr>
<tr><td rowspan="2">clear</td><td colspan="4">모든 항목들을 제거</td></tr>
<tr><td>코드</td><td>s={‘math’, ‘science’, ‘english’}
s.clear()
print(s)</td><td>결과</td><td>set()</td></tr>
</table>

2.1.7 불(Bool)

불 자료형 설명

- 불은 논리형 자료형이다.
- 논리형은 두 가지 항목인 참과 거짓으로 구성한다.
- 불의 결과(값)는 True(참)와 False(거짓)로 표현된다.

불 생성 방법

변수명 = bool()
변수명 = True
변수명 = False

돋보기 불 자료형은 다음 장에 배울 제어문에 꼭 필요한 자료형이다.

실습 2-31 주석의 내용에 따라 불 자료형을 생성하자.

코드 1

```
# True(또는 False)로 불 생성
a = True
print(a)
b = False
print(b)
```

(결과)

```
True
False
```

코드 2

```
# 함수로 불 생성         # 함수 bool()에 항목없이 설정
c=bool()
print(c)
```

(결과)

```
False
```

코드 3

```
print(bool(0))           # 함수 bool()에 숫자 0으로 설정
print(bool(1))           # 함수 bool()에 숫자 1로 설정
print(bool('a'))
```

(결과)

```
False
True
True
```

변수에 True로 저장하거나 False로 저장하면 불 자료형이 생성된다. 함수 bool() 또는 bool(0)을 사용하면 결과가 False로 나오고, bool(0)을 제외한 숫자 또는 문자(열)를 사용하면 결과가 True로 나온다.

돋보기 함수 bool(자료형)에서 자료형이 ('', "", [], (), {}, set() 또는 None)으로 설정되면 False 결과가 나온다. 여기서 None은 NoneType으로 아무 항목이 없고 형태가 없는 자료형이다.

2.1.8 자료형 변환

자료형 변환 설명

- 데이터를 처리하는데 자료형 변환이 필요하다.
- 예를 들면, 정수에서 실수 변환, 숫자를 문자 변환 등이 있다.

자료형 변환 종류

- 자동으로 변환
- 수동으로 변환
  - 정수 자료형 변환은 함수 int()를 사용
  - 실수 자료형 변환 float()을 사용
  - 복소수 자료형 변환 complex()를 사용
  - 불 자료형 변환 bool()을 사용
  - 문자열 자료형 변환 str()를 사용
  - 리스트 자료형 변환 list()를 사용
  - 튜플로 자료형 변환 tuple()을 사용

실습 2-32 주석에 제시한 자동 및 수동 변화를 구현하자.

코드 1

```
# 자동 변환: 정수+실수 (사칙연산 및 수치 계산)
integer_num = 2
float_num = 1.0
print(type(integer_num+float_num))
print(type(integer_num*float_num))
```

(결과)

```
<class 'float'>
<class 'float'>
```

코드 2

```
# 수동 변환: 실수를 정수로 변환
num_f = 1.2
print('실수를 정수로 변환:', int(num_f),', ',type(int(num_f)))
```

(결과)

```
실수를 정수로 변환: 1 , <class 'int'>
```

코드 3

```
# 수동 변환: 불을 정수로 변환
flag_True = True
flag_False = False
print('불을 정수로 변환:', int(flag_True),', ',type(int(flag_True)))
print('불을 정수로 변환:', int(flag_False),', ',type(int(flag_False)))
```

(결과)

```
불을 정수로 변환: 1 , <class 'int'>
불을 정수로 변환: 0 , <class 'int'>
```

코드 4

```
# 수동 변환: 문자열(숫자)을 숫자로 변환
str_num = '3.14'
print('문자열(숫자)을 숫자로 변환:',float(str_num),', ', type(float(str_num)))
```

(결과)

```
문자열(숫자)을 숫자로 변환: 3.14 , <class 'float'>
```

코드 5

```
# 수동 변환: 숫자를 문자열로 변환
num = 3.14
print('숫자를 문자열로 변환:',str(num),', ', type(str(num)))
```

(결과)

```
숫자를 문자열로 변환: 3.14 , <class 'str'>
```

※ 만약 문자열에 숫자 이외에 문자가 포함되어 있으면 숫자로 변환이 안된다.

실습 2-33 딕셔너리에 있는 키들 또는 값들을 리스트 또는 튜플로 변환하자.

코드 1
```
dic = {'k1':'v1','k2':['v21','v22']}
print(dic)
```

(결과)
```
{'k1': 'v1', 'k2': ['v21', 'v22']}
```

코드 2
```
# 키들을 리스트로 변환
print(dic.keys())
print(list(dic.keys()))
```

(결과)
```
dict_keys(['k1', 'k2'])
['k1', 'k2']
```

코드 3
```
# 모든 값들을 리스트로 변환
print(dic.values())
print(list(dic.values()))
```

(결과)
```
dict_values(['v1', ['v21', 'v22']])
['v1', ['v21', 'v22']]
```

코드 4
```
# 모든 키들과 값들을 리스트로 변환
print(dic.items())
print(list(dic.items()))
```

(결과)
```
dict_items([('k1', 'v1'), ('k2', ['v21', 'v22'])])
[('k1', 'v1'), ('k2', ['v21', 'v22'])]
```

코드 5
```
# 특정 키에 대응되는 값들을 튜플로 변환
print(dic.get('k2'))
print(tuple(dic.get('k2')))
```

(결과)
```
['v21', 'v22']
('v21', 'v22')
```

[코드 3]에서 딕셔너리에 있는 모든 값을 리스트로 변환하면 어떤 키에 대응되는 값들이 여러 개이면 리스트 안에 리스트로 생성된다. [코드 4]에서 딕셔너리의 모든 키들과 값들을 리스트로 변환하면 한 개 키와 한 개 값은 튜플로 표현되고 한 개 키와 여러 개 값들은 튜플 안에 리스트로 표현된다.

2.2 제어문

제어문 길잡이

코드(Code) 또는 프로그램(Program)이 무엇인가?

- 코드(프로그램)는 컴퓨터에게 어떤 작업을 완수하라고 내리는 지시서이다.
- 코드는 순차적(위부터 아래 방향)으로 작성된다.
- 코딩(Coding) 또는 프로그래밍(Programming)은 코드를 만드는 과정이다.

제어문(Control flow statements)이 무엇인가?

- 코드의 명령 흐름은 순차적으로 진행되지만 조건 또는 반복으로 흐름이 갈라지거나 반복된다.
- 이러한 흐름을 가능하게 하는 제어문은 if문, while문 그리고 for문이 있다.

제어 흐름의 종류

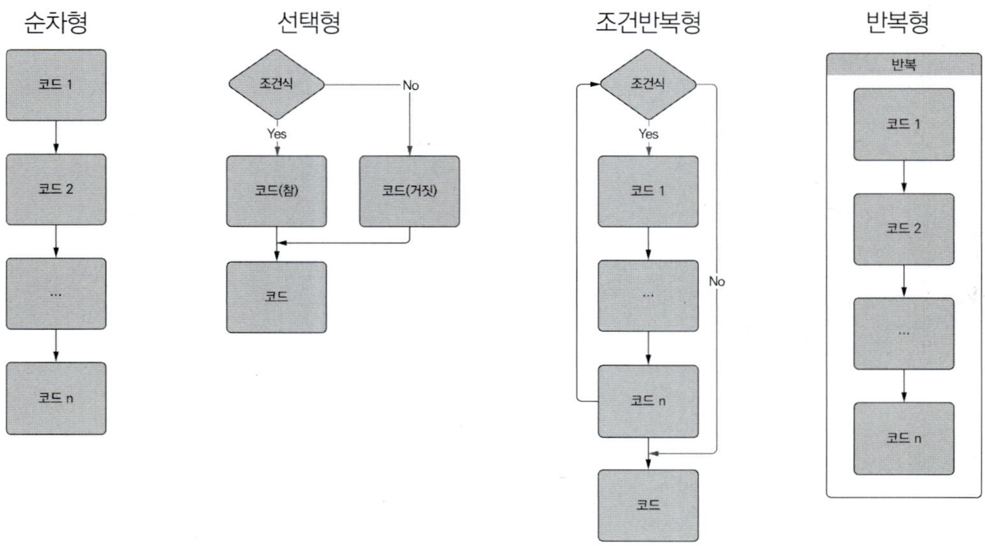

2.2.1 제어 흐름의 표현

순서도(Flowchart)

- 파이썬으로 어떤 작업을 구현(코딩)하기 전에 무엇을 해야 할지 그 과정을 순서대로 정리할 필요가 있다.
- 순서도는 이러한 과정을 기호로 표현한 방법이다.
- 순서도는 여행 계획, 기획, 문제 분석 등 다양한 분야에 사용된다.

순서도에 사용되는 기호 및 설명

기호	명칭	설명
	시작 또는 종료	순서도의 시작 또는 종료를 나타낸다.
	흐름선	순서도 기호 간의 연결 및 작업의 흐름을 표시한다.
	준비	작업 시작 단계에 필요한 상수 및 기타 선언할 작업을 명시한다.
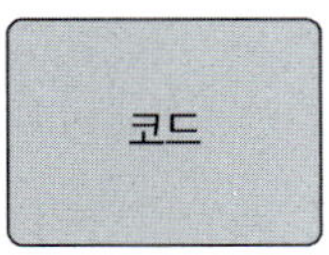	처리	처리할 작업을 명시한다.
	입력 및 출력	파일로 데이터 입력 및 출력을 수행한다.
	의사결정	판단 및 비교에 의한 논리적 분기를 수행한다.
	화면 인쇄	화면으로 결과를 출력한다.

순서도 예시

(1) 두 자연수 2와 3을 더하자.
(2) 어떤 자연수를 입력하고 짝수와 홀수를 구분하자.
(3) 자연수 10을 0이 될 때까지 반복적으로 1씩 빼주자.
(4) 자연수 1부터 10까지 합하자.

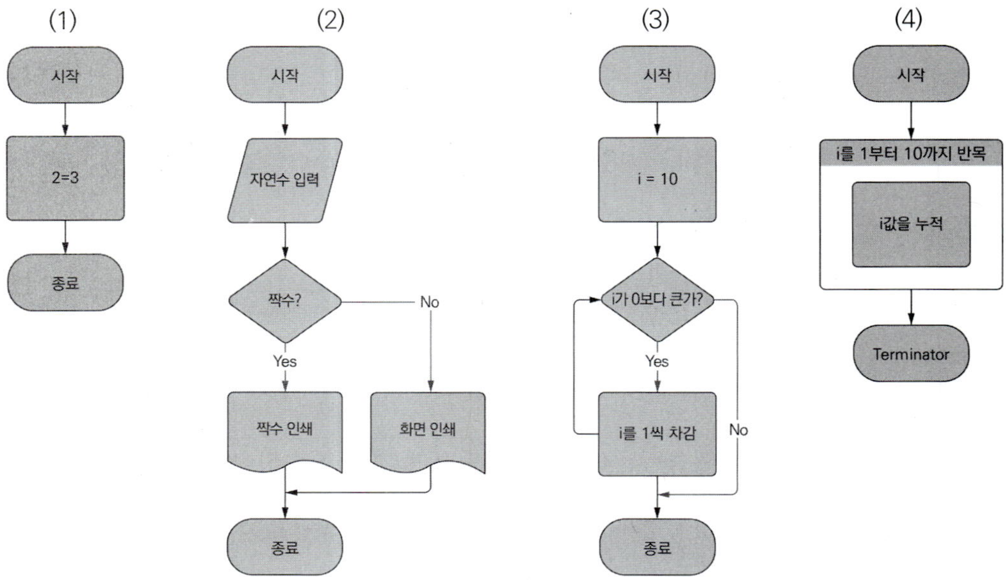

순서도 작성 규칙

- 약속된 기호로 표시
- 위에서 아래 방향으로 표시
- 도형 안에 처리할 내용을 간단히 기술

돋보기 처음 프로그램을 배우는 사람이면 어떤 작업을 하기 전에 순서도를 만드는 습관을 가져야 한다. 꼭 앞에서 설명한 순서도가 아니어도 간단하게 작업의 과정을 글로 표현해도 좋다.

무료 순서도 소프트웨어

https://app.diagrams.net/
https://www.lucidchart.com/

2.2.2 if문

if문 설명

- if문은 특정 조건에 부합(참)하거나 부합하지 않(거짓)으면 그에 대응한 코드들을 수행한다.
- 예를 들면, 어떤 자연수가 2로 나누어 떨어지면, 짝수라고 출력하고 그러하지 않으면 홀수를 출력한다.
- 또는 특정한 날 테니스 모임에서 비가 오면 실내 테니스장에서 모이고, 비가 오지 않으면 야외 테니스장으로 모인다.

if문 기본 용법

```
if 조건식:
    코드 11   # 조건식이 참
    코드 12
      ⋮
    코드 1n
else:
    코드 21   # 조건식이 거짓
    코드 22
      ⋮
    코드 2n
```

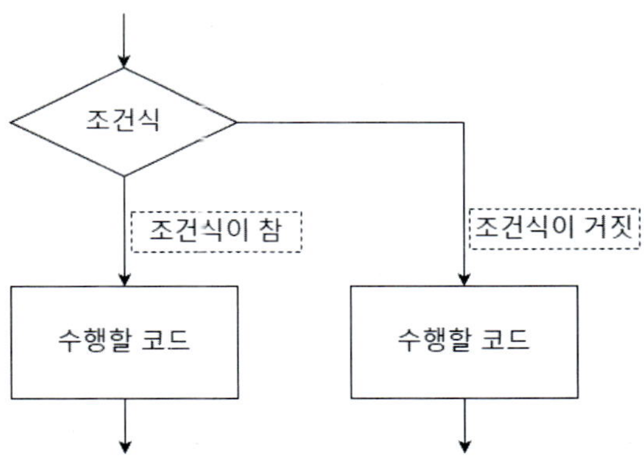

돋보기 if문에서 조건식의 참과 거짓에 따라 코드들을 수행하지만, 거짓일 때 수행할 작업이 없을 수도 있다.

if문의 사용 예시

(예시 1) 참과 거짓에 모두 수행할 코드가 존재
어떤 자연수의 짝수와 홀수를 판별하고 인쇄하자.

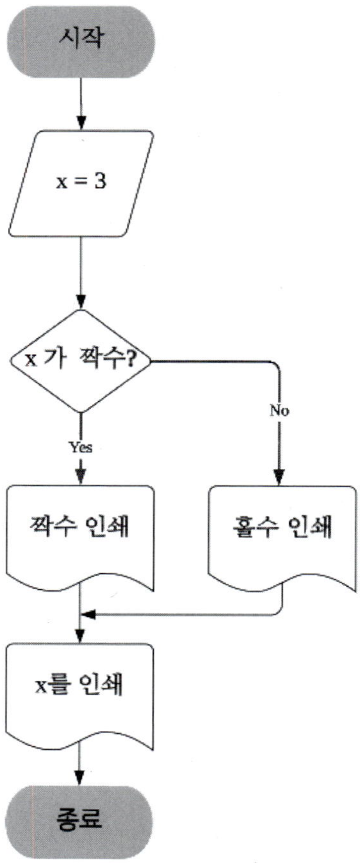

(예시 2) 참의 코드만 존재

어떤 숫자가 자연수인지를 판별하고 3으로 나눈 나머지를 인쇄하자.

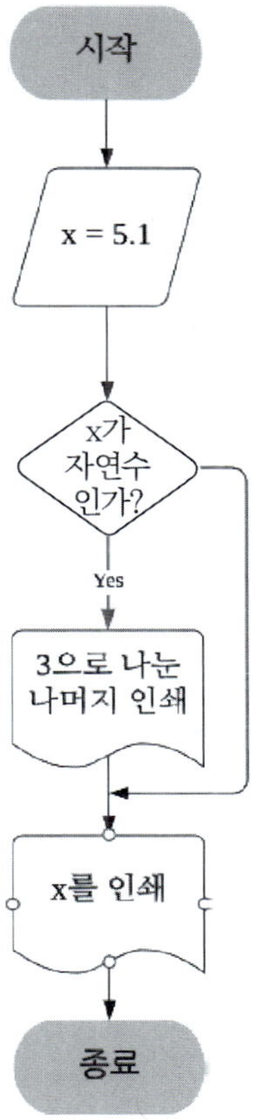

조건식이란?

조건식이란 참과 거짓으로만 나타낼 수 있는 식이다.

조건식에 사용되는 비교 연산자

비교 연산자	설명
x<y	x가 y보다 작다
x>y	x가 y보다 크다
x==y	x와 y가 같다
x!=y	x와 y가 같지 않다
x>=y	x가 y보다 크거나 같다
x<=y	x가 y보다 작거나 같다

조건식에 사용되는 기타 연산자

연산자	설명
x or y	x와 y 둘 중에 하나만 참이어도 참이다
x and y	x와 y 모두 참이어야 참이다
not x	x가 거짓이면 참이다

in	not in
x in 리스트	x not in 리스트
x in 튜플	x not in 튜플
x in 문자열	x not in 문자열

논리 연산자

- 논리곱(and)

조건식 (A) 결과	조건식 (B) 결과	A and B 결과	예시
False	False	False	1+1>3 and -2>0
False	True	False	1+1>3 and -2<0
True	False	False	1+1<3 and -2>0
True	True	True	1+1<3 and -2<0

- 논리합(or)

조건식 (A) 결과	조건식 (B) 결과	A or B 결과	예시
False	False	False	1+1>3 or -2>0
False	True	True	1+1>3 or -2<0
True	False	True	1+1<3 or -2>0
True	True	True	1+1<3 or -2<0

- 부정(not)

조건식 결과	not 조건식 결과	예시
False	True	not (1+1>3)
True	False	not (1+1<3)

실습 2-34 두 자연수 3과 4의 대소 관계를 인쇄하자.

코드 1

```
x = 3
y = 4
```

코드 2

```
if (x<y):             # 조건식 다음에 필히 콜론(:)
    print("x<y")      # 참에 실행할 코드, 들여쓰기 필수
else:                 # else 다음에도 필히 콜론(:)
    print("x>y")      # 거짓에 실행할 코드, 들여쓰기 필수
```

(결과) x<y

실습 2-35 1+1=2 연산이 참인지 판별하자.

코드 1

```
if 1+1 == 2:
    print('1+1=2')
```

(결과) 1+1=2

실습 2-36 리스트 ['red', 'blue', 'white']에 'red' 항목이 있는지 알아보자.

코드 1

```
x = ['red','blue','white']
if 'red' in x:
    print("리스트에 'red' 항목이 있다.")
```

(결과) 리스트에 'red' 항목이 있다.

실습 2-37 두 조건식들에 논리 연산자 "or" 사용하여 결과를 인쇄하자. 두 조건식들은 "어떤 자연수(x)가 2의 배수"와 "튜플 (3,5)에 자연수 x가 있다"이다.

코드 1

```
x = 4
y = (3,5)
```

코드 2

```
if (x%2==0) or (x in y):
    print("True")
else:
    print("False")
```

(결과) True

여러 조건식들에 사용되는 용법

〈기본 if~elif~else문〉

```
if 조건식 1:
  코드 1
elif 조건식 2:
  코드 2
else:
  코드 3
```

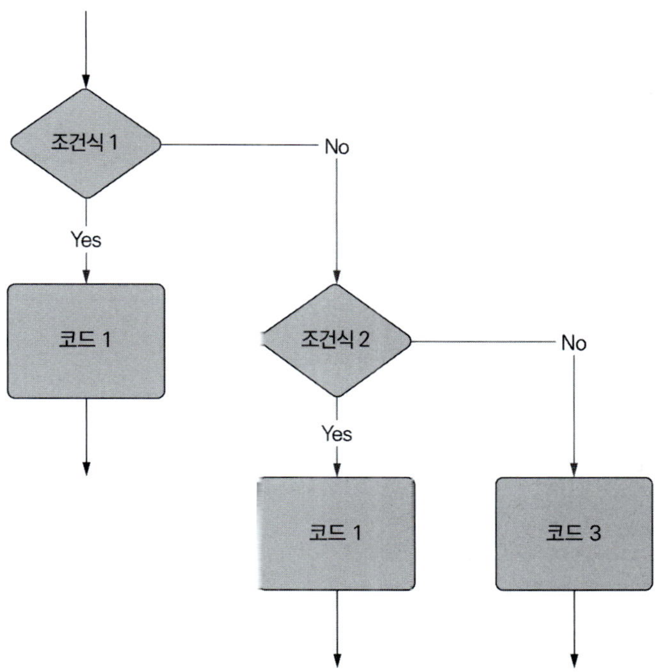

실습 2-38 어떤 자연수가 3의 배수이면 3의 배수라고 인쇄하고, 7의 배수이면 7의 배수라고 인쇄한다. 그리고 3과 7의 배수이면 3과 7의 배수라고 하고, 아니면 3과 7의 배수가 아니라고 인쇄한다.

코드 1

```
t = 9
if t%3 == 0 and t%7 == 0:
    print("3과 7의 배수이다.")
elif t%3 == 0:
    print("3의 배수이다.")
elif t%7 == 0:
    print("7의 배수이다.")
else:
    print("3과 7의 배수가 아니다.")
```

(결과) 3의 배수이다.

코드 2

```
t = 14
if t%3 == 0 and t%7 == 0:
    print("3과 7의 배수이다.")
elif t%3 == 0:
    print("3의 배수이다.")
elif t%7 == 0:
    print("7의 배수이다.")
else:
    print("3과 7의 배수가 아니다.")
```

(결과) 7의 배수이다.

코드 3

```
t = 21
if t%3 == 0 and t%7 == 0:
    print("3과 7의 배수이다.")
elif t%3 == 0:
    print("3의 배수이다.")
elif t%7 == 0:
    print("7의 배수이다.")
else:
    print("3과 7의 배수가 아니다.")
```

(결과) 3과 7의 배수이다.

코드 4

```
t = 37
if t%3 == 0 and t%7 == 0:
    print("3과 7의 배수이다.")
elif t%3 == 0:
    print("3의 배수이다.")
elif t%7 == 0:
    print("7의 배수이다.")
else:
    print("3과 7의 배수가 아니다.")
```

(결과) 3과 7의 배수가 아니다.

한 줄로 사용하는 if문 형식

〈기본 if~else문〉

```
if 조건식 :
  코드 1
else:
  코드 2
```

콜론 표시

〈한 줄 if~else문〉

```
코드 1 if 조건식 else 코드 2
```

실습 2-39 어떤 자연수의 짝수와 홀수를 구별하고 인쇄하자.

코드 1

```
x = 10
if x%2==0:
    print("x는 짝수이다")
else:
    print("x는 홀수이다.")
```

(결과) x는 짝수이다

코드 2

```
print("x는 짝수이다") if x%2==0 else print("x는 홀수이다.")
```

(결과) x는 짝수이다

한 줄로 사용하는 if~elif~else문 형식

〈기본 if~elif~else문〉

```
if 조건식 1:
  코드 1
elif 조건식 2:
  코드 2
else:
  코드 3
```

콜론 표시

↓

〈한 줄 if~elif~else문〉

```
코드 1 if 조건식 1 else 코드 2 if 조건식 2 else 코드 3
```

콜론이 없음

실습 2-40 3과 4의 대소를 비교하고 그 결과를 인쇄하자.

코드 1

```
x = 3
y = 4
if x<y:
    print("x는 y보다 작다.")
elif x>y:
    print("x는 y보다 크다.")
else:
    print("x는 y와 같다.")
```

(결과) x는 y보다 작다.

코드 2

```
print("x는 y보다 작다.") if x<y else(print("x는 y보다 크다.")
                                if x>y else print("x는 y와 같다."))
```

(결과) x는 y보다 작다.

2.2.3 while문

while문 설명

- 조건식이 참이면 작업들을 반복적으로 수행하고, 거짓이면 멈추는 명령어다.
- 예를 들면, 두 개 주사위를 반복적으로 던져서 두 눈의 합이 9의 배수이면 던지기를 멈춘다.

while문 기본 용법

```
while 조건식:
  코드 1
  코드 2
    •
    •
    •
  코드 n
```

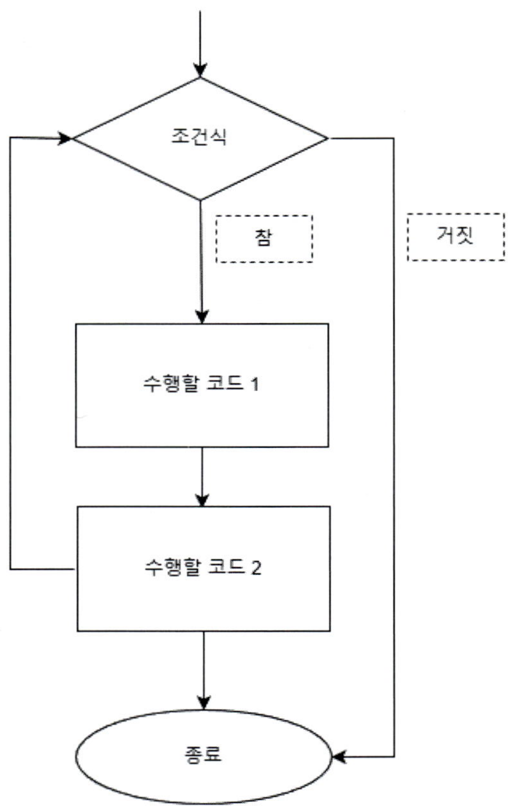

실습 2-41 자연수 1부터 1씩 증가해서 누적한 합이 100 이상이 되는 마지막 자연수를 출력하자.

코드 1
```
# 누적합을 구하기 위한 준비
i = 1                                             # 시작 자연수
sum = 0                                           # 누적합 저장 변수
```
(결과)

코드 2
```
while sum<=100:
    sum += i                                      # 누적합
    print("i = %2d,  누적합 = %3d" %(i, sum))
    i   += 1                                      # 1씩 증가
```
(결과)
```
i =  1,  누적합 =   1
i =  2,  누적합 =   3
i =  3,  누적합 =   6
i =  4,  누적합 =  10
i =  5,  누적합 =  15
i =  6,  누적합 =  21
i =  7,  누적합 =  28
i =  8,  누적합 =  36
i =  9,  누적합 =  45
i = 10,  누적합 =  55
i = 11,  누적합 =  66
i = 12,  누적합 =  78
i = 13,  누적합 =  91
i = 14,  누적합 = 105
```
코드 3
```
print("누적합이 100 이상이 되는 마지막 자연수 =", i-1)
```
(결과) 누적합이 100 이상이 되는 마지막 자연수 = 14

"print" 사용법은 입출력에서 자세히 다루기로 한다. [코드 2]에서 "sum += i"는 반복적인 누적에 많이 쓰이는 방법이다.

while문에서 break 사용하기

- 간혹 while문에서 무한 반복되는 상황이 발생할 수 있다. 이를 방지하기 위해서 수행할 문장들 중에 if문과 함께 빠져 나갈 수 있는 break 명령어가 사용된다.

실습 2-42 (실습 2-41)과 동일한 문제이지만, while 조건식은 항상 참으로 코드를 작성하라.

코드 1

```
# 누적합을 구하기 위한 준비
i = 1                               # 시작 자연수
sum = 0                             # 누적합 저장 변수
```

코드 2

```
while True:                                        # while 1도 동일
    sum += i                                       # 누적합
    print("i = %2d,  누적합 = %3d" %(i, sum))
    i   += 1                                       # 1씩 증가
    if sum >=100: break
```

(결과)

```
i =  1,  누적합 =   1
i =  2,  누적합 =   3
i =  3,  누적합 =   6
i =  4,  누적합 =  10
i =  5,  누적합 =  15
i =  6,  누적합 =  21
i =  7,  누적합 =  28
i =  8,  누적합 =  36
i =  9,  누적합 =  45
i = 10,  누적합 =  55
i = 11,  누적합 =  66
i = 12,  누적합 =  78
i = 13,  누적합 =  91
i = 14,  누적합 = 105
```

코드 3

```
print("누적합이 100 이상이 되는 마지막 자연수 =", i-1)
```

(결과)

```
누적합이 100 이상이 되는 마지막 자연수 = 14
```

[코드 2]에서 "while True"는 영원히 반복된다. 이 반복을 멈추려면 명령어 break를 사용해야 한다. 명령어 break가 실행되려면 if문이 필요하고, 여기서 사용되는 조건식은 반드시 한 번은 참이 발생되어야 한다.

while문에서 continue 사용하기

- 명령어 continue는 while문을 빠져나가지 않고 다시 처음 코드로 돌아간다. 이때 명령어 continue 아래에 있던 문장들은 실행이 되지 않는다.

실습 2-43 자연수 1부터 1씩 증가해서 10까지 홀수만 합하여 누적한 값을 출력하자.

코드 1

```
i = 1
sum = 0
```

코드 2

```
while i<10:
    i += 1
    if i%2 == 0: continue
    sum +=i
    print("홀수=%2d, 홀수 누적합=%2d" % i,sum))
```

(결과)

```
홀수= 1, 홀수 누적합= 1
홀수= 3, 홀수 누적합= 4
홀수= 5, 홀수 누적합= 9
홀수= 7, 홀수 누적합=16
홀수= 9, 홀수 누적합=25
```

[코드 2]에서 1부터 10까지 자연수 중에 홀수만을 선택하려면 "if i%2 != 0:"을 사용할 수 있다. 만약 "if i%2 == 0:"을 사용하려면, 명령어 continue를 사용하여 자연수 중 홀수만을 선별할 수 있다.

2.2.4 for문

for문 설명

- 작업들을 정해진 횟수만큼 반복 수행하는 명령어이다.
- 예를 들면, 테니스 포핸드 연습을 반복해서 20번 한다. 또는 마우스 클릭을 반복적으로 100번 한다.

돋보기 for문과 while문은 반복해서 작업을 수행하는 점은 동일하지만, 반복의 횟수를 알면 for문이 쓰이고 while문은 반복수를 모르고 조건으로 판별이 가능할 때 사용된다.

for문 기본 용법

```
for 변수명 in 리스트(또는
튜플, 문자열, range()):
    코드 1
    코드 2
      •
      •
      •
```

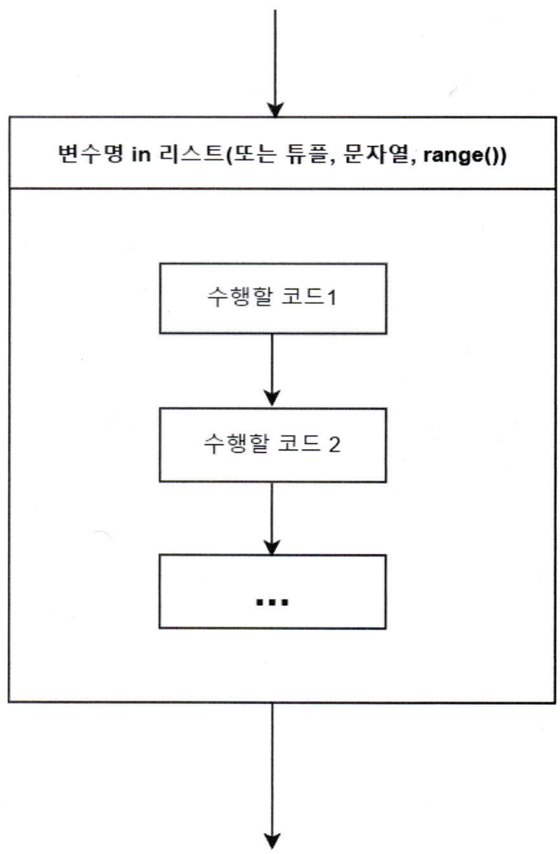

실습 2-44 수강생 명단을 리스트로 생성하고 출력하자.

코드 1
```
name_list = ['Kim','Park','Lee']
```

코드 2
```
print("수강생 명단")
for name in name_list:
    print(name)
```

(결과)
```
수강생 명단
Kim
Park
Lee
```

[코드 2]에서 for문에 적용된 리스트(name_list)의 항목들은 차례로 반복적으로 인쇄된다.

실습 2-45 자연수 1부터 10을 함수 range를 이용하여 생성하고 그 합계를 구하라.

코드 1
```
num = range(1,11)     # 함수 range(시작 숫자, 끝 숫자+1)
```

코드 2
```
sum = 0
```

코드 3
```
for i in num:
    sum += i
print(sum)
```

(결과)
```
55
```

[코드 1]에서 함수 range(최소, 최대, 간격)는 1부터 10까지 자연수가 생성된다. 여기서 최소, 최대(>최소) 그리고 간격은 정수이어야 한다.

실습 2-46 수강생 명단 및 점수를 딕셔너리로 생성하고 출력하자.

코드 1

```
Dic_list = {
            'Kim':89,
            'Park':90,
            'Lee':93
           }
```

코드 2

```
for key,value in Dic_list.items():
    print(key,value)
```

(결과)

```
Kim    89
Park   90
Lee    93
```

[코드 1]에 저장된 딕셔너리(dic_list)의 항목들을 출력하려면, 딕셔너리의 키와 값을 분리해야 한다. [코드 2]에서 Dic_list.items()를 이용하여 키들과 값들을 분리(key, value)해서 for문을 이용하여 반복적으로 인쇄한다.

실습 2-47 수강생 명단 및 점수를 리스트로 생성하고 출력하자.

코드 1

```
Python_list = [("Kim", 100),("Park", 92),("Lee", 88)]
```

코드 2

```
print("Name"," Score")
for (name, score) in Python_list:
    print(name,score)
```

(결과)

```
Name   Score
Kim    100
Park   92
Lee    88
```

실습 2-48 수강생 명단 및 점수를 리스트로 생성하고, 순차적으로 번호를 부여하자.

코드 1

```
Python_list = [("Kim", 100),("Park", 92),("Lee", 88)]
```

코드 2

```
for i in range(len(Python_list)):
    Python_list[i].insert(0, i + 1)
```

코드 3

```
print("Id","Name"," Score")
for (id, name, score) in Python_list:
    print("%2d %-4s %5d" %(id,name,score))
```

(결과)

```
Id  Name  Score
 1  Kim   100
 2  Park  92
 3  Lee   88
```

Tip print문의 출력 형식 및 간단한 설명

%s는 문자열, %d는 정수 그리고 %f는 실수를 표현하고 변수명 형태에 일치하여 print문과 함께 사용한다. 예를 들면, "print("문자열=%s, 정수=%d, 실수=%f" %("문자열 변수명", 10, 3.14))"를 수행하면 "문자열=문자열 변수명, 정수=10, 실수=3.140000"로 출력된다. 자세한 설명은 입출력에서 다룬다.

돋보기 append( ), extend( ) 그리고 insert( )의 차이점

- 변수명.append(항목)은 괄호에 있는 항목이 변수명 맨 끝 항목으로 추가 (단, 추가하고자 하는 데이터 형태가 유지된다.)

  (예시) Python_list.append([1,2])에 대한 출력 결과는 [['Kim', 100], ['Park', 92], ['Lee', 88], [1,2]]이다.

- 변수명.extend(항목)은 괄호에 있는 항목이 변수명 맨 끝 항목으로 추가 (단, 추가하고자 하는 항목은 개별로 추가된다.)

  (예시) Python_list.extend([1,2])에 대한 출력 결과는 [['Kim', 100], ['Park', 92], ['Lee', 88], 1,2]이다.

- 변수명.insert(위치, 항목)은 괄호에 있는 항목이 변수명 지정된 위치에 추가

  (예시) Python_list[0].append(0,1)에 대한 출력 결과는 [[1, 'Kim', 100], ['Park', 92], ['Lee', 88]]이다.

실습 2-49 수강하는 학생들의 이름과 점수의 목록에서 점수가 90점 이상인 목록을 새롭게 작성하자.

코드 1
```
Python_list = [["Kim", 100],["Lee", 88],["Park", 92]]
```

코드 2
```
Pass_list = []
```

코드 3
```
for (name, score) in Python_list:
    if score<90: continue
    Pass_list.append([name, score])

print(Pass_list)
```

(결과) [['Kim', 100], ['Park', 92]]

[코드 2]에서 []는 Pass_list라는 이름의 빈 리스트(empty list)를 생성하여 변수에 할당한다는 의미이다. 이처럼 빈 문자열(''), 빈 튜플(()), 빈 딕셔너리({})도 유사한 방식으로 생성할 수 있다.

2.3 입출력문

입출력문 길잡이

화면 입력

- 특정 대상을 상대로 웹을 운영하려면, 로그인에 필요한 아이디와 패스워드가 생성되어야 한다. 이러한 로그인 정보는 대부분이 화면 입력을 통해야만 한다.
- SNS, 계산 등 다양한 개발 목적에 따라서 화면 입력이 필요하다.

화면 출력

- 계산 결과, 새로운 로그인 정보 등을 화면에 보여줄 상황이 필요하다.

2.3.1 화면 입력

화면 입력 설명

- 키보드를 통하여 화면에 정보를 입력하여 컴퓨터에 정보를 전달하는 방식이다.

input문 용법

```
변수명 = input()
또는
변수명 = input(문자열)
```

돋보기 input()을 사용하면 키보드로 화면에 숫자, 문자열 등을 입력한다. 입력된 내용은 무조건 문자열로 처리된다.

실습 2-50 input()을 사용하여 화면 입력을 수행하자.

코드 1
```
input()                      # input()만 사용
```
(결과)
```
파이썬 입력
'파이썬 입력'
```
코드 2
```
key_input = input()          # 변수명으로 할당
```
(결과)
```
3.14
```
코드 3
```
type(key_input)
```
(결과)
```
str
```
코드 4
```
print(key_input)
```
(결과)
```
3.14
```
코드 5
```
a = input("숫자를 입력=")
```
(결과)
```
숫자를 입력= 40
```
코드 6
```
print(a)
```
(결과)
```
40
```

[코드 1]을 실행하면 다음 셀에 커서가 깜박이면서 입력을 기다리고 있다. 화면에 "파이썬 입력"이라고 입력하면, '파이썬 입력'으로 화면에 결과가 나타난다. [코드 2]는 키보드 입력을 변수명(key_input)에 할당한다. [코드 3]과 [코드 4]는 변수명의 속성과 내용을 인쇄한 결과이다. [코드 5]에서 문자열로 입력할 내용(숫자를 입력=)을 표시하고 40이 입력된다.

실습 2-51 화면에 여러 문자열들을 입력하자.

코드 1
```
a = input("a=")
b = input("b=")
```
(결과)
```
a= 3
b= 4
```
코드 2
```
print(int(a)+int(b))
```
(결과)
```
7
```
코드 3
```
ch_a = input("첫 번째 단어를 입력:")
ch_b = input("두 번째 단어를 입력:")
```
(결과)
```
첫 번째 단어를 입력: 파이썬
두 번째 단어를 입력: 입력
```
코드 4
```
print(ch_a+ch_b)
```
(결과)
```
파이썬 입력
```
코드 5
```
num1,num2 = input("num1="), input("num2=")
print(num1,num2)
```
(결과)
```
num1= 10.1
num2= 2.3
10.1 2.3
```
코드 6
```
numbers_1 = [input("n1="),input("n2="),input("n3=")]
print(numbers)
```
(결과)
```
n1= 1.1
n2= 2.1
n3= 4.4
['1.1', '2.1', '4.4']
```

[코드 5]에서 두 변수명에 화면 입력을 수행한다 [코드 6]에서 한 변수명에 여러 화면 입력을 리스트(튜플 또는 세트)로 만들어 수행한다.

2.3.2 화면 출력

화면 출력 설명

- 출력하고자 하는 특정 문구를 화면에 나타낸다. 여기서 특정 문구는 문자열, 숫자 등으로 구성된 것이다.

print문 용법

```
print(object(s), sep=구분자, end='end')
```

	설명
object(s)	화면에 표시할 객체(들)
sep=구분자	(선택) 객체들을 구분하는 방법이고 기본은 '' 이다. 즉, 기본은 객체들을 띄우지 않고 출력한다.
end='end'	(선택) 마지막 출력에 대한 표시이고 기본은 줄 바꿈(\n)이다.

실습 2-52 문자열들을 출력하자.

코드 1
```
print("Hello, Python!")                # 한 개 문자열을 출력
```
(결과) Hello, Python!

코드 2
```
print("Hello", "Python!")              # 두 개 문자열들을 콤마로 구분
```
(결과) Hello Python!

코드 3
```
print("Hello" "Python!")               # 두 개 문자열들을 구분없이 출력
```
(결과) HelloPython!

코드 4
```
print("Hello", "Python!",sep=',')      # sep=','을 이용하여 출력
print("Hello", "Python!",sep=', ')     # sep=', '을 이용하여 출력
```
(결과)
```
Hello,Python!
Hello, Python!
```

[코드 1]은 한 개 문자열을 그대로 출력한다. [코드 2]는 두 개 문자열들을 콤마로 구분하여 출력하면 띄어쓰기로 출력된다. [코드 3]은 두 개 문자열들을 콤마로 구분없이 출력하면 붙여쓰기로 인쇄된다. [코드 4]는 sep=',' 또는 ', '를 이용하여 출력하면 구분자 형태로 문자열들을 구분하여 출력된다.

변환 문자를 활용한 출력을 이해하기

- print문은 기본적으로 문자열을 화면에 출력한다.
- 정수, 실수, 진수 등을 출력하려면 이들을 문자열로 변환해서 출력해야 한다.
- 자료형에서 숫자들을 문자열로 변환하는 방법이 있지만, 특정 출력 형식을 갖추려면 매우 번거로운 작업이 많이 발생한다.
- 아래 표는 문자, 문자열, 숫자(정수, 실수, 진수) 등에 대한 출력 형식에 대한 설명이다.

변환 문자	인쇄 형식 설명
%s	문자열
%c	문자 1개
%d	정수
%f	실수
%o	8진수
%x	16진수
%%	문자 '%' 자체

돋보기 인쇄 형식을 조절하자.

%d(%s, %f)의 의미는 정수(문자열, 실수)의 크기에 관계 없이 인쇄할 대상을 그대로 인쇄한다. %3d는 인쇄할 자릿수를 3자리로 고정해서 숫자를 인쇄한다. 단, 인쇄할 숫자는 3자리 이하일 경우에만 해당하며, 3자리를 초과하면 %d와 동일하게 출력된다. %0.7f는 소수점 이하를 7자리로 고정하여 실수를 출력한다. 그 외에도 %10.7f와 같은 다양한 형식도 있지만, 실수의 크기에 따라 여러 가지 형태가 있다. 이 부분은 각자 실습을 통하여 연습하길 바란다.

실습 2-53 변환 문자를 이용하여 숫자들을 출력하자.

코드 1
```
a=123456789
print(a)
print("a=%d" %a)
```

(결과)
```
123456789
a=123456789
```

코드 2
```
b=3.14
print("a=%d, b=%f" %(a,b))
```

(결과)
```
a=123456789, b=3.140000
```

코드 3
```
c = 2.7182818284
print("정수 기본 출력 형태","Number= %d"     %c,sep=": ")
print("정수 수정 출력 형태","Number= %3d"    %c,sep=": ")
print("실수 기본 출력 형태","Number= %f"     %c,sep=": ")
print("실수 수정 출력 형태","Number= %.10f"  %c,sep=": ")
```

(결과)
```
정수 기본 출력 형태: Number= 2
정수 수정 출력 형태: Number=   2
실수 기본 출력 형태: Number= 2.718282
실수 수정 출력 형태: Number= 2.7182818284
```

[코드 1]부터 [코드 3]까지 문자열과 숫자를 인쇄하는 방법을 나열하였다. 문자열과 숫자를 인쇄하려면 따옴표를 사용하고, 따옴표 안에 문자열과 인쇄할 숫자 형태에 대응되는 변환 문자를 사용한다. 그 다음에 변환 문자에 대응되는 숫자형 변수(%변수명)와 다른 선택 사항(구분자, sep=": ")을 사용하여 실행한다. [코드 3]에서 %d(%s, %f 등)는 왼쪽부터 문자열 및 숫자가 인쇄된다.

실습 2-54 날짜와 시간을 출력하자.

코드 1
```
import datetime          # 시간에 대한 라이브러리를 불러오자.
```

코드 2
```
now = datetime.datetime.now()          # 현재 시각 함수
print(now)
```

(결과) 2025-05-29 18:00:17.414175

코드 3
```
Current_time = "Current time is "
print(Current_time+str(now)+".")
```

(결과) Current time is 2025-05-29 18:00:17.414175.

코드 4
```
str_now = str(now)
print("현재 시각: ",str_now[0:16])
```

(결과) 현재 시각: 2025-05-29 18:00

[코드 1]은 날짜와 시간에 관한 정보를 주는 라이브러리이다. [코드 2]와 [코드 3]은 현재 날짜와 시간을 알려주는 함수로 현재 날짜, 시, 분, 초가 제공된다. [코드 4]는 현재 날짜 및 시간이 저장되어 있는 변수명 now를 문자열로 전환하고 날짜, 시간 그리고 초까지만 인쇄하였다.

format을 활용한 출력을 이해하자.

- print문에서 자료형에 따라서 변환 문자를 사용이 다소 불편할 수 있다.
- format을 이용하면 변환 문자를 사용하지 않아도 되고, 형식은 다음과 같다.

```
print("문자열".format())
print(f'문자열 { }')
```

단, 문자열에 인쇄할 변수 변환을 {}로 표현한다. 자세한 내용은 실습을 통해서 알아보자

실습 2-55 format 형식을 활용하여 여러 자료형을 출력하자.

코드 1

```
a=2
b=3
print('덧셈: {}+{}={}'.format(a,b,a+b))        # format 앞에 점
```

(결과) 덧셈: 2+3=5

코드 2

```
str_a = "format을 이용한 화면 출력:"
str_b = "print(f'문자열 {변수명}')"
print(f"{str_a}{str_b}")
```

(결과) format을 이용한 화면 출력:print(f'문자열 {변수명}')

[코드 1]은 출력 형태에 {}을 사용하고, .format(변수명들)을 기입하여 인쇄한다. [코드 2]에서는 {변수명}을 사용하여 인쇄한다. 두 방법 모두 변환 문자들이 필요없다.

실습 2-56 format 형식을 활용하여 왼쪽, 가운데 그리고 오른쪽 정렬을 수행하자.

코드 1
```
a = 12345
b = 67890
str_a = 'A number is '+ str(a)+'.'
```

코드 2
```
print(f'{str_a:<30}')                          # 왼쪽 정렬
```

(결과)
```
A number is 12345.
```

코드 3
```
print(f'{str_a:+<30}')                         # 왼쪽 정렬
```

(결과)
```
A number is 12345.++++++++++++
```

코드 4
```
print(f'{str_a:=^30}')                         # 가운데 정렬
```

(결과)
```
======A number is 12345.======
```

코드 5
```
print(f'{str_a:+>30}')                         # 오른쪽 정렬
```

(결과)
```
++++++++++++A number is 12345.
```

[코드 2]부터 [코드 5]까지 정렬에 따른 출력 코드이다. 기호 <, ^ 그리고 >로 정렬 기준을 만들고, {변수명:(문자 또는 기호)<자릿수}를 사용하여 인쇄한다. {str_a:=^30}" 에서 "^" 가운데 정렬을 의미하고 "="은 공백에 채워지는 표시이다.

제3장

파이썬 기초 라이브러리

3.1 NumPy

NumPy 길잡이

NumPy가 무엇인가?

- 파이썬 여러 라이브러리 중 과학 및 수치 계산에 특화된 라이브러리이다.
- 다차원 배열, 행렬, 데이터 구조 등에 관련된 많은 함수들이 제공된다.
- 소규모 또는 대규모 데이터 처리 및 연산, 데이터 분석, 머신러닝 등에 사용되어 많은 과학 및 데이터 분석 라이브러리의 기반이 되기도 한다.

3.1.1 NumPy의 소개

NumPy의 필요성

- 파이썬의 자료형으로 간단한 수치 연산 (2+2, 2**4 등)은 가능하나, 행렬을 이용한 연산은 매우 어렵다.
- 행렬 및 데이터 구조를 효율적으로 처리하고 연산에 특화된 라이브러리가 필요하다.

Tip Python에서 라이브러리가 무엇인가?
도서관(library)은 여러 종류의 책을 모아놓고 대출을 해주는 장소이다. 또한 신규 도서도 꾸준히 구입하여 비치해주는 곳이다. Python도 내장함수를 모아놓은 라이브러리가 있고, 특별한 기능의 신규 라이브러리를 설치할 수 있다.

Tip 행렬은 무엇인가?
숫자나 문자를 직사각형의 모양에 배열하고 양쪽에 괄호로 묶어내어 나타낸 형태를 행렬이라고 한다. 수학의 한 분야인 선형대수에서 다룬다.

NumPy의 소개

- NumPy는 벡터, 행렬 등의 수치 연산을 수행하는 Python 라이브러리이다.
- NumPy는 다차원 배열을 기반으로 대규모 수치 계산과 데이터 분석 등에 유용한 기능을 제공한다.
- NumPy의 소스 코드가 C와 Fortran으로 구현되어 있다. 그래서 어떤 알고리즘을 Python으로만 구현한 코드보다 NumPy의 함수를 이용한 코드가 연산 속도가 빠르다.
- NumPy를 "ndarray"로 불린다. 여기서 "ndarray"는 NumPy의 N차원 배열 객체이다.

Tip Python에서 객체가 무엇인가?
Python에서 사용되는 변수, 함수, 데이터 타입(숫자, 문자열, 리스트 그리고 사전) 등은 모두 객체이다. 여기서 객체는 속성(attribute) 및 매서드(method 또는 behavior)로 구성되어 있다. 스마트폰을 예로 들면 제원(화면 크기, 성능 등의 하드웨어)이 속성이고, 전화를 걸고 받는 기능, 카톡 그리고 사진을 찍는 행위가 행동(매서드)으로 볼 수 있다. 그러면 "a=10"에서 "10"은 속성(정수)에 해당되고, "a"는 객체이다. 만약 "a"에 숫자 "3"으로 변경(a=3)하면, 이것은 매서드(변경)에 해당된다.

실습 3-1 소수 2,3,5를 리스트로 생성하고, 소수 7을 추가하는 코드를 만들라.

코드 1
```
a = [2,3,5]
print(a)
```
(결과) [2, 3, 5]

코드 2
```
a.append(7)
print(a)
```
(결과) [2, 3, 5, 7]

[코드 1]에서 변수(객체) "a"에 리스트 "[2,3,5]"를 생성하고, [2]에서 소수 "7"을 추가하는 매서드인 "append"를 적용한다. 객체에서 매서드를 사용하려면 점(.) 연산자를 이용한다. 객체가 제공하는 매서드는 "dir(객체명)"으로 확인한다.

Tip (실습 3-1)에서 "dir(a)"를 실행하면 매서드가 나타난다. 매서드의 사용은 "a.매서드명"으로 실행한다.

Python 리스트와 NumPy 배열의 비교

리스트는 여러 유형(숫자, 문자 등)의 데이터를 저장할 수 있다(예시: [3, 1.5, “안녕”]). NumPy 배열도 리스트와 마찬가지로 여러 유형의 데이터를 저장할 수 있다. 다만 NumPy 배열은 단일 유형의 데이터로 저장되면 리스트보다 데이터 처리나 연산 속도가 빠르다.

Tip 왜 NumPy가 리스트보다 데이터 처리나 연산 속도가 빠를까?
리스트 내의 항목은 독립적인 객체로 메모리에 불연속적인 공간에 저장되는 반면에 배열은 단일 값으로 연속적인 메모리 공간에 저장된다. 그래서 데이터를 병렬적으로 처리하는 것이 가능하여 수행시간이 빠르다.

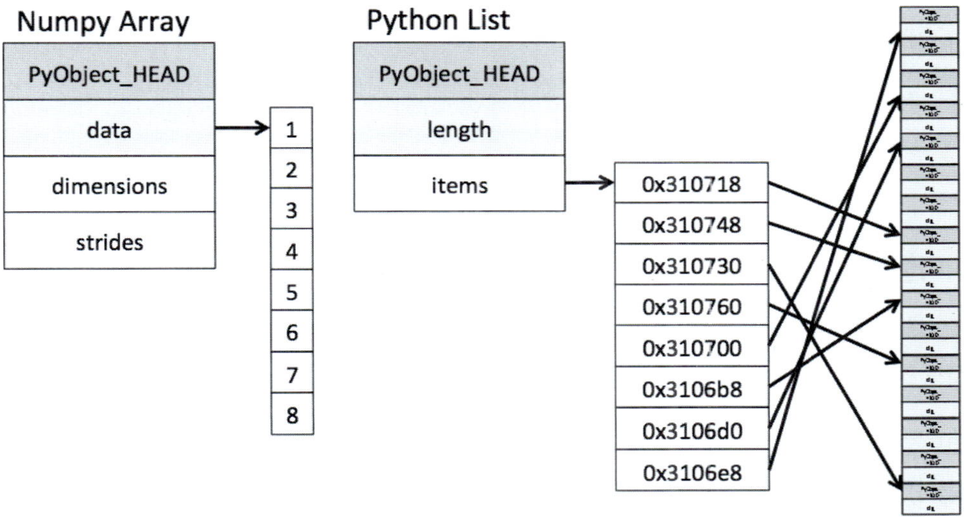

〈그림〉 NumPy 배열(좌측)과 Python 리스트(우측)이 메모리에 저장되는 형태

3.1.2 NumPy의 설치 및 기본 사용

주피터랩에서 NumPy를 설치하는 방법

코드 1
```
!pip install numpy
```
(결과)

코드 2
```
!pip install numpy --upgrade
```
(결과)

코드 3
```
!pip uninstall numpy
```

[코드 1]은 NumPy를 설치한 명령어와 결과이고, [코드 2]는 NumPy를 업그레이드 한 명령어와 결과이다. 또한 [코드 3]은 NumPy를 삭제하는 명령어이다.

주피터랩에서 NumPy를 실행하는 방법

코드 1
```
import numpy
```

코드 2
```
numpy.__version__
```
(결과)

[코드 1]은 명령어 import로 numpy를 불러오고, [2]는 버전을 확인하는 매서드("__version__")이다. NumPy를 불러오는 다른 방법은 "import numpy as np"이고 가장 많이 사용된다.

3.1.3 NumPy의 주요 기능

배열 생성

- 선형대수(Linear algebra)는 벡터와 행렬을 다루는 수학의 한 분야로, 선형방정식과 그와 관련된 문제들을 다루는 분야이다.
- 여기서 행렬(Matrix)은 직사각형에 숫자를 배열한 형태로 나타난다. 행렬은 행(row)과 열(column)로 구성한다.
- Python에서 행렬을 배열이라고 하고, 배열 생성 방법은 NumPy를 불러온 후에 매서드 "array"를 사용한다.
- 예를 들면, 행의 개수와 열의 개수가 2와 3이라고 하면 다음과 같은 형태로 표현한다.

〈행렬의 구조〉

$$\begin{array}{lc} \text{행/열} & \begin{matrix} 1 & 2 & 3 \end{matrix} \\ \begin{matrix} 1 \\ 2 \end{matrix} & \begin{pmatrix} a_{11} & a_{12} & a_{13} \\ a_{21} & a_{22} & a_{23} \end{pmatrix} \end{array}$$

〈행렬의 예시〉

$$\begin{array}{lc} \text{행/열} & \begin{matrix} 1 & 2 & 3 \end{matrix} \\ \begin{matrix} 1 \\ 2 \end{matrix} & \begin{pmatrix} 2 & 3 & 5 \\ 11 & 13 & 17 \end{pmatrix} \end{array}$$

매서드 "array" 사용

- 리스트를 1차, 2차 또는 n차 배열로 변환한다.
- NumPy 내장함수를 이용하여 배열을 생성한다
- 데이터 파일을 불러온다.

배열 생성 절차

(단계 1) NumPy 라이브러리를 불러온다.

명령어: import numpy 또는 import numpy as np

(단계 2) 배열(행렬)을 생성한다. 용법은 numpy.array(리스트) 또는 np.array(리스트)

명령어: numpy.array([1,2,3]) 또는 np.array([[1,2],[3,4]])

실습 3-2 리스트와 NumPy를 이용하여 벡터, 행렬 그리고 3차 배열을 생성하라.

코드 1
```
import numpy as np
vecter_list = [2,4,6]
vecter_array = np.array(vecter_list)
print(vecter_array)
```
(결과)
```
[2 4 6]
```
코드 2
```
matrix_2by2 = np.array([[1,2],[3,4]])
print(matrix_2by2)
```
(결과)
```
[[1 2]
 [3 4]]
```
코드 3
```
array_3by2by2 = np.array([[[1,2],[3,4]],[[5,6],[7,8]],[[9,10],[11,12]]])
print(array_3by2by2)
```
(결과)
```
[[[ 1  2]
  [ 3  4]]

 [[ 5  6]
  [ 7  8]]

 [[ 9  10]
  [ 11  12]]
```
코드 4
```
np.array([1,2,"aa"])
```
(결과)
```
array(['1', '2', 'aa'], dtype='<U11')
```

[코드 1]은 벡터를 생성한 방법("np.array(리스트)")과 결과이고, [코드 2]는 행렬을, [코드 3]은 배열을 생성한 결과이다.

[코드 4]에서 생성된 리스트는 숫자와 문자가 혼합되었지만, 배열로 생성되면서 모두 문자로 변환되었다. 즉, 배열은 단일 자료형의 원칙을 따른다.

배열을 생성하는데 자료형을 지정할 수 있다. 자료형 설정은 "dtype"의 접두사와 바이트 수(글자 수)의 조합으로 자료형이 정해진다. 예를 들면, "f8"은 8바이트(64비트) 부동소수점 실수를 의미하고 "U11"은 유니코드 문자열을 의미한다.

〈표〉 배열에서 자료형

dtype 접두사	설명	사용 예
b	불리언	b (참 혹은 거짓)
i	정수	i8 (64비트)
u	부호 없는 정수	u8 (64비트)
f	부동소수점	f8 (64비트)
c	복소 부동소수점	c16 (128비트)
O	객체	O (객체에 대한 포인터)
S	바이트 문자열	S24 (24 글자)
U	유니코드 문자열	U24 (24 유니코드 글자)

dtype 인수로 지정할 자료형은 다음 표에 보인 것과 같은 "dtype 접두사"로 시작하는 문자열이고 이 글자 뒤에 오는 숫자는 바이트 수 혹은 글자 수를 의미한다. 예를 들어, f8은 8바이트(64비트) 부동소수점을 뜻하고, U4는 4글자 유니코드 문자열을 뜻한다. 숫자를 생략하면 운영체제에 따라 알맞은 크기가 지정된다.

실습 3-3 실수, 정수, 문자의 배열을 만들라.

코드 1

```
arr_float = np.array([0.1,1.3],dtype='f')          # 실수
print(arr_float)
```

(결과) [0.1 1.3]

코드 2

```
arr_int = np.array([0.1,1.3],dtype='i')            # 정수
print(arr_int)
```

(결과) [0 1]

코드 3

```
arr_char = np.array([0.1,1.3],dtype='U')           # 문자
print(arr_char)
```

(결과) ['0.1' '1.3']

연산

- 매서드 "array"는 사칙연산을 지원한다.

실습 3-4 "array"에서 사칙연산을 하자.

코드 1
```
tmp3 = np.array([1, 2, 3])
tmp4 = np.array([1, 1, 1])
```

코드 2
```
print(tmp3 + tmp4)          # "+" 연산
```

(결과) [2 3 4]

코드 3
```
print(tmp3 - tmp4)          # "-" 연산
```

(결과) [0 1 2]

코드 4
```
print(tmp3 * tmp4)          # "*" 연산
```

(결과) [1 2 3]

코드 5
```
print(tmp3 / tmp4)          # "/" 연산
```

(결과) [1. 2. 3.]

Tip 매서드 add(), subtract(), multiply() 그리고 divide()도 사칙연산과 동일한 결과를 얻는다.

실습 3-5 array([0,1,-1,0])을 array([1,0,0,0])로 나누어라.

코드 1
```
np.array([0,1,-1,0])/np.array([1,0,0,0])
```

(결과) array([0., inf, -inf, nan])

코드 2
```
np.exp(-np.inf)
```

(결과) 0.0

[코드 1]을 실행한 결과에서 "inf"는 무한대(infinity)를 의미하고, nan(not a number)은 정의할 수 없는 숫자이다. [코드 2]에서 무한대를 표현하려면 "np.inf"를 사용하라.

행렬곱

- 선형대수 또는 회귀모형에서 행렬곱은 매우 중요한 연산이다.
- 행렬곱은 두 개 또는 여러 행렬들을 연산하는 규칙이다.
- 그 규칙은 특정 행과 특정 열의 곱으로 표현된다.

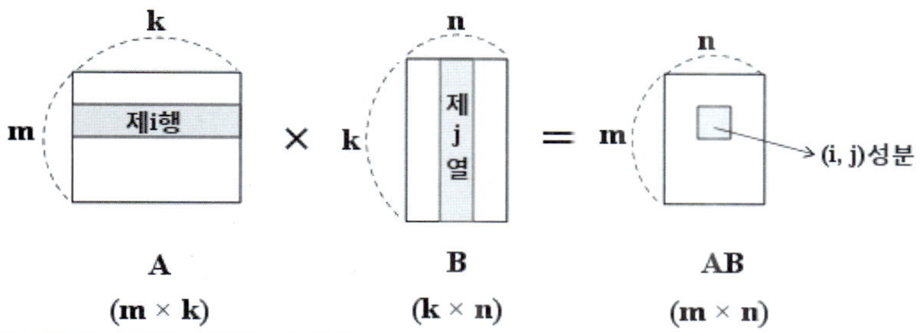

〈그림〉 행렬곱의 계산 결과

- 예를 들어서 A는 2×3 행렬이고 B는 3×2 행렬일 때, 두 행렬의 곱 (AB)는 2×2 행렬로 계산된다.
- 즉, 행렬곱은 앞 행렬(A)의 열의 개수(3)와 뒤 행렬의 행의 개수(3)가 일치되어야 한다.
- 그리고 행렬곱은 앞 행렬의 행의 개수와 뒤 행렬의 열의 개수로 이루어진 계산된 행렬(2×2)이 생성된다.

$A = \begin{pmatrix} a_{11} & a_{12} & a_{13} \\ a_{21} & a_{22} & a_{23} \end{pmatrix}$, $B = \begin{pmatrix} b_{11} & b_{12} \\ b_{21} & b_{22} \\ b_{31} & b_{32} \end{pmatrix}$일 때 A × B를 구해보죠.

A는 2 × 3 행렬, B는 3 × 2 행렬이므로 AB는 2 × 2 행렬이에요. 각 성분을 구해볼까요?

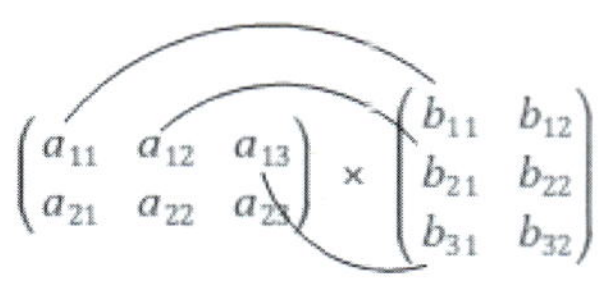

〈그림〉 행렬곱에서 두 행렬의 예시

- 파이썬에서 행렬곱은 기호 "@" 또는 dot 매서드로 수행한다.
- 예를 들면, 파이썬에서 두 행렬이 A와 B로 생성되었으면, 두 행렬은 행렬곱을 하는 모든 조건에 부합한다고 가정하자. 행렬곱은 "A@B" 또는 "A.dot(B)"로 수행된다.

실습 3-6 임의의 두 행렬, A는 2×3 행렬이고 B는 3×2 행렬을 생성하자. 그리고 행렬곱을 수행하라.

코드 1

```
import numpy as np
A = np.array([[1,2,3],[5,6,7]])
B = np.array([[1,2],[3,4],[5,6]])
```

코드 2

```
print(A@B)
```

(결과)

```
[[22 28]
 [58 76]]
```

코드 3

```
print(A.dot(B))
```

(결과)

```
[[22 28]
 [58 76]]
```

코드 4

```
C = A@B
print(C)
```

(결과)

```
[[22 28]
 [58 76]]
```

코드 5

```
type(C)
```

(결과)

```
numpy.ndarray
```

[코드 1]은 두 행렬, A와 B를 생성한 것이다. [코드 2]는 두 행렬을 "@"로 행렬곱을 수행한 결과이다. [코드 3]은 "dot" 매서드로 행렬곱을 수행한 결과로, [코드 2]의 결과와 동일하다. [코드 4]는 두 행렬의 곱을 "C"에 저장한 결과이다. [코드 5]는 "C"의 데이터 형태를 나타난 것이다.

속성

- NumPy에서 배열(array)은 몇 가지의 속성을 가지고 있다.
- 여기서 말하는 배열의 속성은 배열의 크기, 형상, 차원의 개수, 데이터 형태, 구성 원소의 메모리 크기, 전체 배열의 크기이다.

〈표〉 배열의 속성

매서드	내용	예시
ndim	차원 개수(또는 행의 개수)	A.ndim
shape	배열 형상	A.shape
size	배열 크기	A.size
dtype	배열 데이터 형태	A.dtype
itemsize	배열 원소 별로 차지하는 메모리 크기	A.timesize
nbytes	전체 배열이 차지하는 메모리 크기	A.nbytes

실습 3-7 임의의 2×3 행렬을 생성하고 그 속성을 출력하라.

코드 1

```
import numpy as np
A = np.random.rand(2,3)
print(A)
```

(결과)

```
[[0.35673925 0.90287667 0.73939308]
 [0.06897614 0.92716884 0.67657122]]
```

코드 2

```
print('dim: ', A.ndim)
print('shape: ', A.shape)
print('size: ', A.size)
print('dtype: ', A.dtype)
print('itemsize: ', A.itemsize)
print('nbytes: ', A.nbytes)
```

(결과)

```
dim:  2
shape:  (2, 3)
size:  6
dtype:  float64
itemsize:  8
nbytes:  48
```

[코드 1]은 난수로 2×3 행렬을 생성하였다. 난수를 발생하는 매서드는 np.random.rand(행의 개수, 열의 개수)이고 0부터 1까지의 난수가 생성된다.

[코드 2]는 배열의 속성을 출력하였고, "dim: 2"는 차원(행의 개수)이 2로 행과 열이 있는 행렬이라는 의미이고, 만약 3으로 출력되었다면 3차원으로 행렬이 여러 개로 구성된 배열을 의미한다. "shape: (2,3)"은 행과 열의 개수가 2와 3을 의미하는 행렬이다. 만약 (2,3,3)으로 출력되었다면 2×3 행렬이 3개 있다는 의미이다. "size: 6"은 모든 원소의 개수이다. "dtype: float64"는 데이터 타입이 64비트 실수형임을 의미한다. "itemsize: 8"은 한 원소에 메모리 8바이트가 사용되었다는 의미이다. "nbytes: 48"은 모든 원소에 사용한 메모리가 48바이트라는 의미이다.

인덱싱과 슬라이싱

- 배열의 인덱스는 차원별 원소의 위치를 나타낸다.
- 1차원 배열의 인덱스는 첫 번째 원소의 위치를 "0"부터 시작하여 순차적으로 1씩 증가한다.
- 2 또는 3차원 배열도 1차원과 동일한 방식으로 행과 열의 위치가 정해진다.

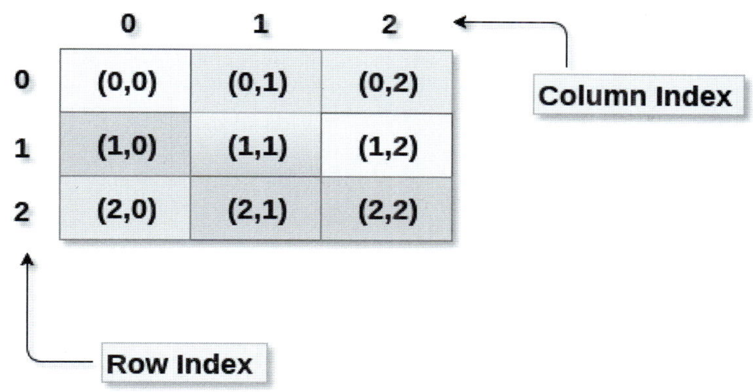

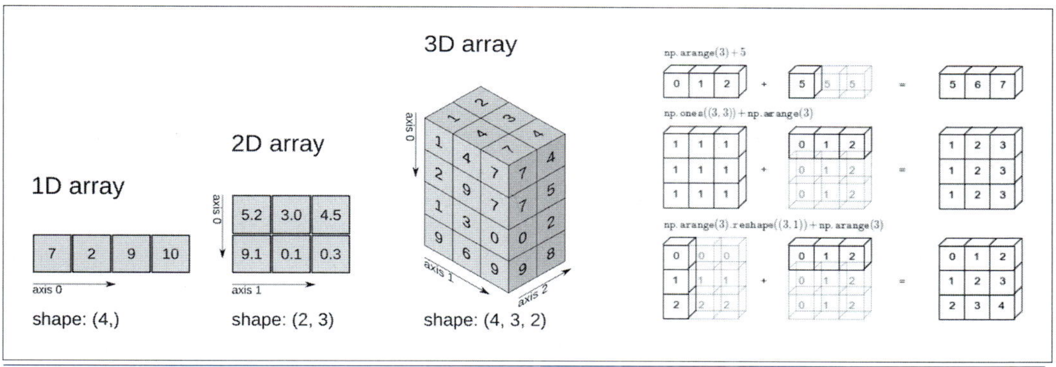

〈그림〉 배열의 인덱스

- A를 1차원 배열이라고 하면, A[0]은 첫 번째 원소의 결과가 저장되어 있고, A[-1]은 마지막 원소의 결과가 저장되어 있다.
- A가 2차원 배열이면, A[행 인덱스 값][열 인덱스 값]으로 원소를 확인하고, 3차원이면 A[인덱스 값][행 인덱스 값][열 인덱스 값]으로 확인한다.
- n차원 배열의 인덱스도 동일한 방법으로 확장된다.

실습 3-8 임의의 1×3, 2×3 그리고 $2 \times 2 \times 2$ 행렬을 생성하고, 일부 인덱스에 대응하는 배열 값을 출력하자.

코드 1
```
import numpy as np
```

코드 2
```
A = np.array([1,2,3])
print(A)
```

(결과)
```
[1 2 3]
```

코드 3
```
print(A[0],A[1],A[2])
print(A[0:2])
```

(결과)
```
1 2 3
[1 2]
```

코드 4
```
B = np.array([[1,2,3],[4,5,6]])
print(B)
```

(결과)
```
[[1 2 3]
 [4 5 6]]
```

코드 5
```
print(B[0,0],B[0,1],B[0,2])
print(B[1,0],B[1,1],B[1,2])
```

(결과)
```
1 2 3
4 5 6
```

코드 6
```
C = np.array([[[1,2],[3,4]],[[5,6],[7,8]]])
print(C)
```

(결과)
```
[[[1 2]
  [3 4]]

 [[5 6]
  [7 8]]]
```

코드 7
```
print(C[0,0,0],C[0,0,1])
print(C[1,0,0],C[1,0,1])
```

(결과)
```
1 2
5 6
```

[코드 2], [코드 4] 그리고 [코드 6]은 1, 2, 3차 배열을 생성한 결과이다. 각 배열의 인덱스는 객체명[양의 정수, 양의 정수, ..., 양의 정수]으로 설정된다. [코드 3]에서 A[0], A[1] 그리고 A[2]의 값들이 순차적으로 출력된다. [코드 5]는 2차원 배열의 인덱스로 B[행 인덱스, 열 인덱스]로 표현된다. 또한 차원이 늘어남에 따라서 인덱스가 확장된다.

Tip 연산자 콜론(":" 또는 "::")을 이용하여 연속되는 인덱스를 나타낼 수 있다. 사용법은 [a:b]로 표현하고 a와 b($\geq$a)는 양의 정수이다.

코드 1
```
index = list(range(10))
```

코드 2
```
print(index)
```
(결과) [0, 1, 2, 3, 4, 5, 6, 7, 8, 9]

코드 3
```
index[0:2]     # 인덱스 0에서 시작해서 인덱스 2 직전 정수(1)까지 표현
```
(결과) [0, 1]

코드 4
```
index[1:3]     # 인덱스 1에서 시작해서 인덱스 3 직전 정수(2)까지 표현
```
(결과) [1, 2]

코드 5
```
index[::2]     # 인덱스 0에서 시작해서 2를 누적해서 표현
```
(결과) [0, 2, 4, 6, 8]

코드 6
```
index[1::2]     # 인덱스 1에서 시작해서 2를 누적해서 표현
```
(결과) [1, 3, 5, 7, 9]

코드 7
```
index[:7:2]     # 인덱스 0에서 시작해서 2를 누적해서 인덱스 7 직전 정수(6)까지 표현
```
(결과) [0, 2, 4, 6]

코드 8
```
index[5::-1]     # 인덱스 5에서 시작해서 인덱스 0까지 역순으로 1씩 감소해서 표현
```
(결과) [5, 4, 3, 2, 1, 0]

코드 9
```
index[5::-2]     # 인덱스 5에서 시작해서 인덱스 0까지 역순으로 2씩 감소해서 표현
```
(결과) [5, 3, 1]

슬라이싱은 배열의 특정한 범위를 선택하는 방법이다. 예를 들어, 배열 A가 5×5이고, 첫 번째 행의 2번째와 3번째 열의 원소들을 지정하려면 콜론을 이용해야 한다.

실습 3-9 양의 정수 난수를 이용하여 5×5 배열을 생성하고 슬라이싱을 구현하라.

코드 1
```
A = np.random.randint(10, size=(5,5))
print(A)
```

(결과)
```
[[2 0 3 7 2]
 [6 3 6 2 0]
 [4 8 4 9 1]
 [0 1 3 9 7]
 [2 5 5 5 2]]
```

코드 2
```
A[0:2,3:5]                    # 행 인덱스 0~1과 열 인덱스 3~5
```

(결과)
```
array([[7, 2],
       [2, 0]])
```

코드 3
```
a=[0]+list(range(2,4))        # 연속하지 않은 인덱스
print(a)
```

(결과)
```
[0, 2, 3]
```

코드 4
```
A[a,0:2]                      # 행 인덱스 0,2,3과 열 인덱스 0,1
```

(결과)
```
array([[2, 0],
       [4, 8],
       [0, 1]])
```

[코드 3]에서 "range(start, stop+1, step)"은 콜론과 동일한 기능과 결과가 나타난다. 여기서 start, stop(≧start) 그리고 step은 정수이다. 이들의 차이점은 콜론은 연산자이고 range는 함수이다.

배열의 재구조화

- 배열의 여러 속성 중에 형상이 있다.
- 형상은 주어진 배열의 구조이고, 매서드 "shape"로 파악된다.
- 배열의 재구조화는 형상을 변경하는 것이다.
- 예를 들면, 6개 항목이 있는 1차원 배열이 있다고 하면, 이 배열을 2차원 배열(열의 개수는 2개, 행의 개수는 3개)로 변경할 때 배열의 재구조화가 필요한 것이다.
- 매서드 "reshape(새로운 형상)"가 배열의 재구조를 실현해준다.

실습 3-10 여러 차원의 배열을 생성하고 재구조화를 구현하라.

코드 1

```
import numpy as np
```

코드 2

```
# 1차 배열을 2차 배열로 변경
A_d1 = np.random.randint(10, size=(1,6))     # 1차원 배열 생성
print('A_d1=',A_d1)

A_d2 = A_d1.reshape(2,3)                     # 2차 배열(행 3, 열 2) 변경
print('A_d2=',A_d2)
```

(결과)

```
A_d1= [[3 9 9 7 4 6]]
A_d2= [[3 9 9]
 [7 4 6]]
```

코드 3

```
# 2차 배열을 1차 배열로 변경
B_d1 = A_d2.reshape(1,6)
print('B_d1=',B_d1)
```

(결과)

```
B_d1= [[3 9 9 7 4 6]]
```

코드 4

```
# 2차 배열을 3차 배열로 변경
C_d2 = np.array(range(1,9)).reshape(2,4)     # 2차 배열로 (2,4)
print("C_d2=",C_d2)

C_d3 = C_d2.reshape(2,2,2)                   # 3차 배열로 변경 (2,2,2)
print("C_d3=",C_d3)
```

(결과)

```
C_d2= [[1 2 3 4]
 [5 6 7 8]]
C_d3= [[[1 2]
 [3 4]]

 [[5 6]
 [7 8]]]
```

[코드 2]에서 원소가 6개로 구성된 1차 배열을 난수(양의 정수, 0~9)를 이용하여 생성하였고, 재구조화("reshape")를 통하여 2차 배열(2 × 3)로 변경하였다. [코드 3]은 2차 배열("A_d2")을 1차 배열로 변경하였고, 최초 1차 배열("A_d1")과 동일한 결과가 나타났다. [코드 4]에서 "C_d2"는 자연수 1부터 8까지의 수를 이용하여 2차 배열(2 × 4)를 생성했고, 매서드 "reshape"를 이용하여 3차 배열(2 × 2 × 2)로 변경했다. 여기서 변경되는 순서는 "C_d2"의 첫 번째 행의 4개 항(1,2,3,4)이 행 방향으로 순차적으로 첫 번째 2 × 2를 생성하고, (5,6,7,8)은 두 번째 2 × 2를 생성하여 3차원 배열로 변경되었다. 배열의 재구조화에서 변경되는 순서는 행 방향으로 순차적으로 이루어진다.

배열의 결합

- 두 개 이상의 배열을 결합하는 매서드는 "concatenate(배열1, 배열2, ..., 배열n, axis=option)"이다.
- 배열 결합에 주의할 점은 형상을 일치해 주어야 한다.
- "axis"에 대한 의미 및 사용법은 (실습 3-11~13)에서 설명한다.

실습 3-11 1차원 배열을 생성하고, 결합을 구현하다.

코드 1

```
A1_d1_r = np.array([1,2,3])
A2_d1_r = np.array([4,5,6])

# 1차원 배열 형상
print("shape(A1_d1_r, A2_d1_r):",A1_d1_r.shape,A2_d1_r.shape)
```

(결과) shape(A1_d1_r, A2_d1_r): [(3,), (3,)]

코드 2

```
A = np.concatenate([A1_d1_r,A2_d1_r])    # 1차원 배열들의 결합
print("shape(A):",A.shape)
```

(결과) shape(A): (6,)

[코드 1]에서 두 개의 1차원 배열을 생성하고, [코드 2]는 두 개의 1차 배열을 결합하였다. 두 개의 1차 배열의 결합에 사용된 매서드는 "concatenate(1차 배열, 1차 배열)"로 1차 배열의 결과로 나타났다.

실습 3-12 2차원 배열을 생성하고, 결합을 구현하라.

코드 1

```
B1_d2 = np.array(range(0,6)).reshape(2,3)
B2_d2 = np.array(range(6,10)).reshape(2,2)
B3_d2 = np.array(range(10,20)).reshape(2,5)
print("shape(B1_d2, B2_d2, B3_d3):",[B1_d2.shape, B2_d2.shape, B3_d2.shape])
# 2차원 배열 형상
```

(결과) shape(B1_d2, B2_d2, B3_d3): [(2, 3), (2, 2), (2, 5)]

코드 2

```
print("B1_d2=",B1_d2)
print("B2_d2=",B2_d2)
```

(결과)

```
B1_d2= [[0 1 2]
 [3 4 5]]
B2_d2= [[6 7]
 [8 9]]
```

코드 3

```
# B1_d2와 B2_d2 열 방향 결합
B1 = np.concatenate([B1_d2,B2_d2], axis=1)
print(B1)
```

(결과)
```
[[0 1 2 6 7]
 [3 4 5 8 9]]
```

코드 4
```
# B1_d2와 B2_d2 단순 결합
B2 = np.concatenate([B1_d2,B2_d2], axis=None)
print(B2)
```

(결과)
```
[0 1 2 3 4 5 6 7 8 9]
```

코드 5
```
# B1_d2와 B2_d2 행 방향 결합
B3 = np.concatenate([B1_d2.T,B2_d2], axis=0)
print(B3)
```

(결과)
```
[[0 3]
 [1 4]
 [2 5]
 [6 7]
 [8 9]]
```

코드 6
```
print('B1 shape:', B1.shape)
print('B2 shape:', B2.shape)
print('B3 shape:', B3.shape)
```

(결과)
```
B1 shape: (2, 5)
B2 shape: (10,)
B3 shape: (5, 2)
```

[코드 1]에서 (2,3), (2,2) 그리고 (2,5)의 형상을 가지는 2차 배열들을 생성하였다. 이들 2차 배열들을 결합하려면 행 또는 열의 구조를 일치해야 한다. 주어진 2차 배열들의 형상은 "B1_d2" (2, 3), "B2_d2" (2, 2) 그리고 "B3_d2" (2, 5)이다. 두 2차 배열들을 결합하려면 행 또는 열이 일치되어야 한다. [코드 3]은 "B1_d2" (2, 3)과 "B2_d2" (2, 2)를 결합한 결과이고, "axis=1"의 의미는 열 방향(수평)으로 "B1_d2"와 "B2_d2"를 결합하라는 것이고 그 결과의 형상은 (2,5)이다. [코드 4]에서 "axis=None"은 모든 값(항목)을 나열하라는 의미이다. [코드 5]에서 "axis=0"은 행 방향(수직)으로 결합하라는 의미이고, 결합하고자 하는 배열들의 열의 수가 일치되어야 한다. 즉, "B1_d2"와 "B2_d2"는 열의 수가 일치하지 않으므로, "B1_d2"의 행과 열을 변경해 주어야 하고 그 방법(매서드)은 "B1_d2.T"를 수행하면 된다. [코드 6]은 결합된 배열의 형상이다.

실습 3-13 3차원 배열을 생성하고, 결합을 구현하라.

코드 1

```
C1_d3 = np.array(range(0,12)).reshape(2,3,2)
C2_d3 = np.array(range(12,24)).reshape(2 3,2)
C3_d2 = np.array(range(12,18)).reshape(2 3)
print('C1_d3=',C1_d3)
print('C2_d3=',C2_d3)
print('C3_d2=',C3_d2)
print('shape(C1_d3):',C1_d3.shape)   # 3차원 배열 형상
print('shape(C2_d3):',C2_d3.shape)   # 3차원 배열 형상
print('shape(C3_d2):',C3_d2.shape)   # 2차원 배열 형상
```

(결과)

```
C1_d3= [[[ 0  1]
         [ 2  3]
         [ 4  5]]

 [[ 6  7]
  [ 8  9]
  [10 11]]]
C2_d3= [[[12 13]
         [14 15]
         [16 17]]

 [[18 19]
  [20 21]
  [22 23]]]
C3_d2= [[12 13 14]
  [15 16 17]]
shape(C1_d3): (2, 3, 2)
shape(C2_d3): (2, 3, 2)
shape(C3_d2): (2, 3)
```

코드 2

```
C1 = np.concatenate((C1_d3,C2_d3),axis=0)
print(C1)
print(C1.shape)
```

(결과)

```
[[[ 0  1]
  [ 2  3]
  [ 4  5]]

 [[ 6  7]
  [ 8  9]
  [10 11]]]

[[[12 13]
  [14 15]
  [16 17]]

 [[18 19]
  [20 21]
  [22 23]]]
(4, 3, 2)
```

코드 3

```
C2 = np.concatenate((C1_d3,C2_d3),axis=1)
print(C2)
print(C2.shape)
```

(결과)

```
[[[ 0  1]
  [ 2  3]
  [ 4  5]
  [12 13]
  [14 15]
  [16 17]]

 [[ 6  7]
  [ 8  9]
  [10 11]
  [18 19]
  [20 21]
  [22 23]]]
(2, 6, 2)
```

코드 4

```
C3 = np.concatenate((C1_d3,C2_d3),axis=2)
print(C3)
print(C3.shape)
```

(결과)

```
[[[ 0  1 12 13]
  [ 2  3 14 15]
  [ 4  5 16 17]]

 [[ 6  7 18 19]
  [ 8  9 20 21]
  [10 11 22 23]]]
(2, 3, 4)
```

[배열(array) 합치기]

수평(axis=1)으로 합치기(column_wise)(np.hstack(),np.concatenate(axis=1)

```
array([[0, 1, 2],        array([[ 0, 10, 20],        array([[ 0,  1,  2],
       [3, 4, 5],   +           [30, 40, 50],   =>          [ 3,  4,  5],
       [6, 7, 8]])              [60, 70, 80]])              [ 6,  7,  8],
                                                            [ 0, 10, 20],
                                                            [30, 40, 50],
                                                            [60, 70, 80]])
```

수직(axis=0)으로 합치기(row_wise)(np.vstack(),np.concatenate(axis=0)

```
array([[0, 1, 2],        array([[ 0, 10, 20],        array([[ 0,  1,  2,  0, 10, 20],
       [3, 4, 5],   +           [30, 40, 50],   =>          [ 3,  4,  5, 30, 40, 50],
       [6, 7, 8]])              [60, 70, 80]])              [ 6,  7,  8, 60, 70, 80]])
```

깊이(axis=2)로 합치기(depth_wise)(np.dstack(),np.concatenate(axis=2)

```
array([[0, 1, 2],        array([[ 0, 10, 20],        array([[[ 0,  0],
       [3, 4, 5],   +           [30, 40, 50],   =>           [ 1, 10],
       [6, 7, 8]])              [60, 70, 80]])               [ 2, 20]],

                                                            [[ 3, 30],
                                                             [ 4, 40],
                                                             [ 5, 50]],

                                                            [[ 6, 60],
                                                             [ 7, 70],
                                                             [ 8, 80]]])
```

〈그림〉 3차원 배열의 합치는 방법

배열의 분할 및 추출

- 배열을 처리하는데 빈번하게 나타나는 것이 병합도 있지만, 주어진 배열에서 특정 범위의 분할도 많이 사용된다.
- 인덱스와 슬라이싱을 이용하여 주어진 배열의 특정 범위를 선택하여 배열의 분할을 할 수 있다.
- 아니면 함수 "numpy.split(배열, 인덱스 또는 섹터, axis=option)"을 이용하여 다중 배열로 분할한다. option에 대한 설명은 (실습 3-14)에서 설명한다.

실습 3-14 주어진 1차원 배열을 “numpy.split()” 또는 “np.split()”으로 1차원 다중 배열로 나누어라.

코드 1
```
import numpy as np
```

코드 2
```
A = np.array([1,2,3,4,5,6,7,8])
```

코드 3
```
A_s1 = np.split(A,2)       # 두 개 1차원 배열로 분할
print(A_s1)                # 각 1차원 배열의 항목은 4개
len(A_s1)                  # 분할된 1차원 배열 개수
```

(결과)
```
[array([1, 2, 3, 4]), array([5, 6, 7, 8])]
2
```

코드 4
```
A_s2 = np.split(A,(2,4))    # 세 개 1차원 배열로 분할
print(A_s2)                 # 각 1차원 배열의 항목은 순차적으로 2, 2 그리고 4개
len(A_s2)                   # 분할된 1차원 배열 개수
```

(결과)
```
[array([1, 2]), array([3, 4]), array([5, 6, 7, 8])]
3
```

[코드 2]는 8개의 항목이 있는 1차원 배열을 생성한다. [코드 3]에서 “np.split(A, 2)”는 섹터(“2”)의 의미로 1차 배열 “A”를 두 개 1차 배열로 나누라는 의미이다. 단, 분할된 1차원 배열들의 항목의 수는 동일해야 한다. 만약 “np.split(A, 3)”을 수행하면 오류가 나온다. [코드 4]에서 “(2,4)”는 인덱스로 나누라는 의미이다. 즉, 첫 숫자 “2”는 인덱스 “0”과 “1”을 1차원 배열로 분할하고, 두 번째 수 “4”는 연속해서 인덱스 “4” 직전 인덱스인 “2”와 “3”까지 1차원 배열 그리고 “A”의 나머지 항목으로 1차원 배열로 나눈다.

실습 3-15 주어진 2차원 배열을 "numpy.split()" 또는 "np.split()"으로 2차원 다중 배열로 나누어라.

코드 1
```
import numpy as np
```

코드 2
```
B = np.arange(16).reshape(4,4)   # 4*4 2차 배열
print(B)
```

(결과)
```
[[ 0  1  2  3]
 [ 4  5  6  7]
 [ 8  9 10 11]
 [12 13 14 15]]
```

코드 3
```
np.split(B,4)   # np.split(B,4,axis=0)과 동일
```

(결과)
```
[array([[0, 1, 2, 3]]),
 array([[4, 5, 6, 7]]),
 array([[ 8,  9, 10, 11]]),
 array([[12, 13, 14, 15]])]
```

코드 4
```
np.split(B,2,axis=0)
```

(결과)
```
[array([[0, 1, 2, 3],
        [4, 5, 6, 7]]),
 array([[ 8,  9, 10, 11],
        [12, 13, 14, 15]])]
```

코드 5
```
np.split(B,2,axis=1)
```

(결과)
```
[array([[ 0,  1],
        [ 4,  5],
        [ 8,  9],
        [12, 13]]),
 array([[ 2,  3],
        [ 6,  7],
        [10, 11],
        [14, 15]])]
```

[코드 2]에서 매서드 "arange(16)"은 0부터 15까지 양의 정수를 1차원 배열로 생성한다는 의미이고, 매서드 "reshape(4,4)"는 2차원 배열로 변경하라는 의미이다. [코드 3]과 [코드 4]는 4 × 4 2차 배열 "B"를 아래(행) 방향으로 4개(섹터)와 2개 1차원 배열로 나누는 의미이다. [코드 5]에서 "axis=1"은 "B"를 좌측(열) 방향으로 2개(섹터) 1차 배열로 나눈다.

코드 6

```
np.split(B,(1,3))   # np.split(B,(1,3),axis=0)과 동일
```

(결과)

```
[array([[0, 1, 2, 3]]),
 array([[ 4,  5,  6,  7],
        [ 8,  9, 10, 11]]),
 array([[12, 13, 14, 15]])]
```

코드 7

```
np.split(B,(2,3),axis=1)
```

(결과)

```
[array([[ 0,  1],
        [ 4,  5],
        [ 8,  9],
        [12, 13]]),
 array([[ 2],
        [ 6],
        [10],
        [14]]),
 array([[ 3],
        [ 7],
        [11],
        [15]])]
```

[코드 6]에서 "(1,3)"은 아래 방향 인덱스로 나눈 결과이다. 그 원리는 (실습 3-16)에서 설명한 인덱스를 사용한 방법과 동일하다. [코드 7]은 좌측 방향으로 인덱스로 나눈 배열 결과이다.

실습 3-16 임의의 $(3 \times 4 \times 3)$ 3차 배열을 생성하고 특정 영역의 배열을 추출하라.

코드 1
```
import numpy as np
```

코드 2
```
# 0부터 9까지 양의 정수를 무작위로 3*4*3 3차 배열 생성
C = np.random.randint(10, size=(3,4,3))
print(C)
```

(결과)
```
[[4 0 4]
 [3 8 8]
 [5 5 2]
 [5 8 0]]

[[2 8 6]
 [0 8 7]
 [6 9 0]
 [9 8 1]]

[[5 2 4]
 [5 5 6]
 [1 3 8]
 [9 5 6]]]
```

코드 3
```
print('C의 크기:', len(C))   # 변수 C의 크기
print('C[1]=',C[1])         # C[1]의 항목, 4*3 2차 배열
```

(결과)
```
C의 크기: 3
C[1] = [2 8 6]
       [0 8 7]
       [6 9 0]
       [9 8 1]]
```

코드 4
```
C[1,2:4,0:2]   # C[1]에서 인덱싱과 슬라이싱에 해당하는 2차원 배열
```

(결과)
```
array([[6, 9],
       [9, 8]])
```

코드 5
```
# C[0]과 C[1]에서 행 인덱스 2행과 인덱스 0과 1에 해당하는 항목의 2차원 배열
C[0:2, 2, 0:2]
```

(결과)
```
array([[5, 5],
       [6, 9]])
```

[코드 2]에서 "random.randint"는 무작위로 양의 정수를 생성하는 매서드이고, [코드 3]은 변수 "C"의 정보로 3개 2차 배열(4 × 3)을 나타낸다. [코드 4]는 슬라이싱으로 "C[1]"의 3, 4행(슬라이싱 2:4)과 1, 2열(0:2)을 추출한 2차 배열 결과이다. [코드 5]도 [코드 4]와 같은 원리로 추출된 결과이다.

3.1.4 범용함수

범용함수(Universal function)가 무엇인가?

- 일반적으로 범용함수는 파이썬을 설치하면 자동적으로 장착되는 내부함수이다.
- NumPy에서도 범용함수가 있고, 배열을 계산하는데 파이썬 범용함수에 비해 연산 속도가 빠르고 사용하기가 수월하다.

벡터화 연산

- 파이썬에서 간단한 수치 계산은 스칼라(단일 숫자)들의 계산으로 수행된다.
- 하지만 NumPy에서 제시되는 배열은 수학적으로 벡터 또는 행렬의 형태를 갖추고 있다.
- 이러한 벡터 또는 행렬의 계산은 단순한 스칼라 방식으로 계산하면 컴퓨터 수행 속도가 느려지는 경향이 있다. 그래서 NumPy에서는 배결에 적합한 범용함수로 벡터화 연산이 제공된다.

실습 3-17 배열로 생성된 숫자들의 합을 구하는 계산에서 "for"문과 범용함수의 연산 속도를 비교하자.

코드 1
```
import numpy as np
import time
```

코드 2
```
def computing_reciprocals(values):

    n      = len(values)
    output = np.empty(n)

    for i in range(n):
        output[i-1]=1.0/values[i-1]

    return output
```

코드 3
```
big_array = np.random.randint(1,100,size=10**6)
```

코드 4
```
%timeit -r 1 computing_reciprocals(big_array)
```

(결과) 2.16 s ± 0 ns per loop (mean ± std. dev. of 1 run, 1 loop each)

코드 5
```
%timeit -r 1 1/big_array
```

(결과) 2.46 ms ± 0 ns per loop (mean ± std. dev. of 1 run, 100 loops each)

코드 6
```
2.16*1000/2.46
```

(결과) 878.048780487805

[코드 1]에서 "import time"은 시간에 관련된 라이브러리이다. [코드 2]는 1,000,000개 숫자를 연속적으로 나누는 함수이다. [코드 3]에서 일백만개 정수로 구성된 1차 배열을 생성한다. [코드 4]는 [코드 2]를 수행하는데 걸리는 시간이고 [코드 5]는 벡터화로 계산되어 소요된 시간이다. [코드 6]은 [코드 4]와 [코드 2]의 속도를 비교한 수치이다. ms는 마이크로/초이고, s는 초/초이며, 1마이크로는 1,000초이다. 결론적으로 컴퓨터 성능에 따라서 수행 속도는 차이가 있지만, 벡터화로 연산을 수행하면 연산 시간을 줄일 뿐만 아니라 코드의 길이를 줄일 수 있다.

• 벡터화 연산은 스칼라 배열, 배열과 배열 등으로 다양한 연산 형태를 지원한다.

실습 3-18 스칼라와 배열, 배열과 배열 등으로 연산을 구현하라.

코드 1
```
import numpy as np
```

코드 2
```
# 난수 배열 2개 생성
np.random.seed(1)
arr1 = np.random.randint(10, size=5)
arr2 = np.random.randint(10, size=5)
print('arr1=',arr1)
print('arr2=',arr2)
```

(결과)
```
arr1= [5 8 9 5 0]
arr2= [0 1 7 6 9]
```

코드 3
```
# 배열-스칼라 연산
arr3 = arr1 - 2
print(arr3)
```

(결과)
```
[ 3  6  7  3 -2]
```

코드 4
```
# 배열-배열 연산
arr4 = arr1 + arr2
print(arr4)
```

(결과)
```
[ 5  9 16 11  9]
```

코드 5
```
# 다차원 배열 연산: 2차원 배열 ** 스칼라
arr5 = np.random.randint(10, size=(3,5))
arr6 = arr5 ** 2
print(arr6)
```

(결과)
```
[[ 4 16 25  4 16]
 [ 4 16 49 49 81]
 [ 1 49  0 36 81]]
```

[코드 3]은 1(n)차원 배열과 스칼라의 뺄셈(덧셈)으로 스칼라는 자동적으로 1(n)차원 배열의 형태로 변경된다. [코드 4]에서 배열과 배결의 덧셈(뺄셈)은 차원을 일치시켜야 한다. [코드 5]는 배열에 스칼라를 곱(나누)하기는 각 항목에 계산된다.

• NumPy에 수행되는 산술 연산(예: +,-,*,/)은 모두 벡터화로 구현되어 있다. 문법적 차이는 없지만 파이썬 기본 자료구조(예: 리스트)보다 훨씬 빠르게 연산이 수행된다. 또한, 산술 연산 기호에 대응되는 범용함수가 제공되므로, 연산 기호 대신에 함수를 사용하는 것도 가능하다.

실습 3-19 벡터화된 산술 연산 및 대응되는 범용함수를 수행하라.

코드 1

```
import numpy as np
```

코드 2

```
# 벡터화된 산술 연산(배열-스칼라)
x = np.arange(4)   # [0 1 2 3]
print('x + 5 =', x + 5)
print('x - 2 =', x - 2)
print('x * 3 =', x * 3)
print('x / 2 =', x / 2)
print('x ** 2 =', x ** 2)
```

(결과)

```
x + 5 = [5 6 7 8]
x - 2 = [-2 -1 0 1]
x * 3 = [0 3 6 9]
x / 2 = [0. 0.5 1. 1.5]
x ** 2 = [0 1 4 9]
```

코드 3

```
# 산술 연산에 대응하는 유니버설 함수
print('x + 5 =', np.add(x, 5))
print('x - 2 =', np.subtract(x, 2))
print('x * 3 =', np.multiply(x, 3))
print('x / 2 =', np.divide(x, 2))
print('x ** 2 =', np.power(x, 2))
```

(결과)

```
x + 5 = [5 6 7 8]
x - 2 = [-2 -1 0 1]
x * 3 = [0 3 6 9]
x / 2 = [0. 0.5 1. 1.5]
x ** 2 = [0 1 4 9]
```

〈표〉 산술 연산자와 대응되는 범용함수

연산자	유니버설 함수	설명
+	np.add()	덧셈(예: 1 + 1 = 2)
-	np.substract()	뺄셈(예: 3- 2 = 1)
-	np.negative()	단항 음수(예: -2)
*	np.multiply()	곱셈(예: 2 * 3 = 6)
/	np.divide()	나눗셈(예: 3 / 2 = 1.5)
//	np.floor_divide()	바닥 나눗셈(예: 3 //2 = 1)
**	np.power()	지수 연산(예: 2 ** 3 = 8)
%	np.mod()	나머지 연산(예: 9 % 4 = 1)

〈표〉 유용한 범용함수

범용함수	범용(누락 값 처리)	설명
np.sum()	np.nansum()	배열 원소 합
np.prod()	np.nanprod()	배열 원소 곱
np.max()	np.nanmax()	최댓값
np.min()	np.nanmin()	최솟값
np.mean()	np.nanmean()	평균값
np.median()	np.nanmedian()	중앙값
np.percentile()	np.nanpercentile()	하위 %의 원소
np.var()	np.nanvar()	분산
np.std()	np.nanstd()	표준편차
np.argmax()	np.nanargmax()	최댓값 원소 인덱스
np.argmin()	np.nanargmin()	최솟값 원소 인덱스
np.any()	-	참을 만족하는 원소가 있는지
np.all()	-	모든 원소들이 참을 만족하는지

〈표〉에 제시된 범용함수는 통계값을 계산하는데 사용되며, 그 외 수치 계산에 필요한 삼국함수, 지수함수 등도 있다. 본서에는 다루지 않고 관련 도서나 웹을 탐색하기 바란다.

실습 3-20 결측값이 있는 배열을 생성하고, 〈표〉에 제시된 범용함수를 사용하라.

코드 1
```
import numpy as np
```

코드 2
```
x = np.arange(5.0)   # [0,1,2,3,4]
print(x)
```

(결과)
```
[0. 1. 2. 3. 4.]
```

코드 3
```
x[1] = None
x[3] = np.nan
print(x)
```

(결과)
```
[ 0. nan 2. nan 4.]
```

코드 4
```
print('np.sum=',np.sum(x))
print('np.mean=',np.mean(x))
print('np.nansum=',np.nansum(x))
print('np.nanmean=',np.nanmean(x))
```

(결과)
```
np.sum= nan
np.mean= nan
np.nansum= 6.0
np.nanmean= 2.0
```

일반적으로 데이터에서 특별한 의미가 부여되는 문자가 “NA”, “NAN”, “Null”, “Inf”, “-Inf”가 있다. “NA(Not available)”은 숫자(문자)가 있지만 어떤 이유로 기록되지 않은 상태이다. “NAN(Not a number)”은 “0/0”인 경우를 의미한다. “Null”은 어떤 결과도 없는 상태이다. “Inf” 또는 “-Inf”는 양 또는 음의 무한대를 의미한다. 엄밀한 의미에서 결측값은 “NA”와 “Null”이고, 파이썬에서는 “None”과 “numpy.nan”으로 결측값을 표시한다. [코드 3]에서 “None”과 “np.nan”가 변수 “x”의 인덱스 1과 3에 “nan”으로 변경되었다. [코드 4]는 결측값이 존재하는 변수 “x”에 범용함수가 적용된 결과이다. 특히 결측값이 존재하는 배열에는 결측값을 제거하고 연산할 수 있는 범용함수를 사용해야 제대로 된 값을 얻을 수 있다.

특수한 배열

- 행렬을 계산하는데 특수한 행렬이 필요하다. 예를 들면 영행렬, 일행렬, 단위행렬 등이 있다. 파이썬에서는 배열 매서드로 이들 행렬들을 생성하고 다른 기능으로 여러 특수한 행렬을 만들 수 있다.

실습 3-21 영행렬, 일행렬, 단위행렬 등을 생성하다.

코드 1
```
import numpy as np
```

코드 2
```
np.ones(3)
```
(결과)
```
array([1., 1., 1.])
```

코드 3
```
np.ones((2,4))
```
(결과)
```
array([[1., 1., 1., 1.],
       [1., 1., 1., 1.]])
```

코드 4
```
np.zeros(2)
```
(결과)
```
array([0., 0.])
```

코드 5
```
np.zeros((2,3))
```
(결과)
```
array([[0., 0., 0.],
       [0., 0., 0.]])
```

코드 6
```
np.eye(2)
```
(결과)
```
array([[1., 0.],
       [0., 1.]])
```

코드 7
```
np.concatenate((np.eye(2), np.zeros(2).reshape(2,1)),axis=1)
```
(결과)
```
array([[1., 0., 0.],
       [0., 1., 0.]])
```

코드 8
```
np.zeros(2).reshape(2,1)
```
(결과)
```
array([[0.],
       [0.]])
```

[코드 2]와 [코드 3]에서 "np.ones"은 배열의 모든 항목을 1로 생성하는 매서드이다. [코드 4]와 [코드 5]에서 "np.zeros"는 배열의 모든 항목을 0으로 생성하는 매서드이다. [코드 6]에서 "np.eye"는 단일 자연수를 입력으로 행과 열이 같은 수로 배열을 생성하고 행과 열의 인덱스가 동일한 위치에만 1이고 그 외 인덱스는 0인 배열이 생성된다(단위행렬).

3.2 Pandas

Pandas 길잡이

Pandas가 무엇인가?

- "Panel Data"와 "Python Data Analysis"의 줄임말이다.
- 데이터셋을 다루는 파이썬 라이브러리이다.
- 데이터 전처리와 분석의 도구를 제공한다.

3.2.1 Pandas의 소개

Pandas의 필요성

- 데이터 처리: 여러 종류의 파일 형식을 지원하고, 대용량 데이터셋을 불러오고 내보낼 수 있다. 또한 시계열 데이터 처리에 특화되어있다.
- 데이터 조작: 누락된 데이터 처리, 데이터 형태 변경, 데이터 필터링, 행과 열의 추가 및 삭제 등 데이터 분석에 필요한 데이터 정제에 탁월한 기능이 있다.
- 데이터 통합: 다양한 데이터 형식 및 데이터 구조의 통합 그리고 데이터 베이스의 연동 등의 작업이다.
- 데이터 분석: 데이터 분석에 관한 통계 함수가 제공된다.

Pandas와 NumPy의 주요한 차이점

항목	Pandas	NumPy
사용 목적	데이터 처리 및 분석	수치 계산
데이터 호환성	수치 및 문자 등 동시 사용 가능	수치만 사용되고, 배열 및 행렬이 사용됨

3.2.2 Pandas 객체

Pandas의 설치

코드 1
```
!pip install pandas
```
(결과)

코드 2
```
!pip install numpy --upgrade
```
(결과)

코드 3
```
!pip uninstall numpy
```

판다스를 설치하기 전에 넘파이가 설치되어 있어야 한다. [코드 1]은 라이브러리 설치 명령어으로 "pip unstall pandas"이다. 버전 확인은 "pandas.__version__"이다. 아나콘다에서 주피터랩을 사용하면 자동적으로 판다스가 설치되어 있다.

주피터랩에서 Pandas를 실행하는 방법

코드 1
```
import pandas
```

코드 2
```
pandas.__version__
```
(결과)

[코드 1]은 명령어 import로 pandas를 불러으고, [2]는 버전을 확인하는 매서드("pandas__version__")이다. 판다스를 불러오는 다른 방법은 "import pandas as pd"이다.

Pandas 객체 생성

Pandas 객체는 시리즈(Series, 1차원 배열)와 데이터 프레임(DataFrame, 2차원 배열)이 있다.

실습 3-22 시리즈를 생성하라.

코드 1

```
import numpy as np
import pandas as pd
```

코드 2

```
A1 = pd.Series([0.25,0.5,0.75])
print(A1)
```

(결과)

```
0     0.25
1     0.50
2     0.75
dtype: float64
```

코드 3

```
A2=pd.Series(np.array([1,2,3]))
print(A2)
```

(결과)

```
0     1
1     2
2     3
dtype: int32
```

코드 4

```
A3=pd.Series({'Name':['Kim','Lee','Park'],'Age':[21,25,33]})
print(A3)
```

(결과)

```
Name     [Kim, Lee, Park]
Age          [21, 25, 33]
dtype: object
```

[코드 2]는 리스트로 시리즈를 생성하고 인쇄한 결과이다. 여기서 시리즈의 데이터 형태(dtype)는 실수이다. [코드 3]은 1차원 배열로 시리즈를 생성하고, 데이터 형태가 정수인 결과이다. 위 코드를 실행한 결과에서 맨 왼쪽 행 이름은 인덱스이다. [코드 4]는 딕셔너리로 시리즈를 생성하고, 인덱스는 딕셔너리의 키이다.

〈표〉 Python, NumPy 그리고 Pandas의 데이터 형태

Pandas dtype	Python type	NumPy type	Usage
object	str or mixed	string_, unicode_, mixed types	Text or mixed numeric and non-numeric values
int64	int	int_, int8, int16, int32, int64, uint8, uint16, uint32, uint64	Integer numbers
float64	float	float_, float16, float32, float64	Floating point number
bool	bool	book_	True/False values
datetime64	NA	datetime64[ns]	Date and time values
timedelta[ns]	NA	NA	Differences between two datetimes
category	NA	NA	Finite list of text values

데이터 프레임 생성

- "pandas.DataFrame(리스트)", "pandas.DataFrame(배열)" 그리고 "pandas.DataFrame(딕셔너리)"

실습 3-23 리스트, 딕셔너리 그리고 배열로 데이터 프레임을 생성하라.

코드 1

```
import numpy as np
import pandas as pd
```

코드 2

```
B1 = pd.DataFrame([[1,2,3],[4,5,6]])
print(B1)
```

(결과)

```
   0  1  2
0  1  2  3
1  4  5  6
```

코드 3

```
B2 = pd.DataFrame(np.arange(6).reshape(3,2))
print(B2)
```

(결과)

```
   0  1  2
0  1  2  3
1  4  5  6
```

코드 4

```
B3 = pd.DataFrame({'Name':['Kim','Lee','Park'],'Age': [21,25,23]})
print(B3)
```

(결과)

```
   Name  Age
0  Kim   21
1  Lee   25
2  Park  23
```

[코드 2]는 2차원 리스트를 이용하여 데이터 프레임을 생성한 결과이다. [코드 3]은 1차원 배열로 시리즈를 생성하고, reshape()를 이용하여 재배열한 다음 데이터 프레임으로 변환 결과이다. 정수인 결과이다. [코드 4]는 딕셔너리를 사용하여 데이터 프레임을 생성한 결과이다. 여기서 딕셔너리의 키는 열의 이름이 되고, 값은 해당 열에 들어갈 데이터가 된다.

3.2.3 인덱스와 슬라이싱

인덱스에서 Pandas와 NumPy 차이점

- Pandas 생성에서 행과 열의 인덱스가 자동으로 0부터 1씩 증가하는 방식으로 표현된다.
- NumPy는 인덱스가 양의 정수로 구성되어 있지만, Pandas에서 인덱스가 양의 정수뿐만 아니라 테이블의 행과 열의 명칭(레이블)으로 부여될 수 있다.

시리즈의 인덱스

- Pandas는 기본적으로 데이터를 테이블의 형태로 제공한다.
- 시리즈는 1차원 배열로 열벡터에 해당되는 테이블이다.
- Pandas에서는 인덱스를 다른 숫자나 문자로 설정 가능하다.

실습 3-24 시리즈를 생성하고 인덱스를 설정하자.

코드 1
```
import pandas as pd
```

코드 2
```
A = pd.Series([1,2,3,4])
print(A)
```

(결과)
```
0    1
1    2
2    3
3    4
dtype: int64
```

코드 3
```
A.index
```

(결과)
```
RangeIndex(start=0, stop=4, step=1)
```

코드 4
```
B = pd.Series([1,2,3,4], index = [1.1,2.1,3.1,4.1])
```

코드 5
```
B.index
```

(결과)
```
Float64Index([1.1, 2.1, 3.1, 4.1], dtype='float64')
```

코드 6
```
C = pd.Series([1,2,3,4], index = ['A','B','C','D'])
```

코드 7
```
C.index
```

(결과)
```
Index(['A', 'B', 'C', 'D'], dtype='object')
```

[코드 3]은 시리즈로 생성된 변수 A의 인덱스를 보여주는 매서드("A.index")이다. [코드 4]와 [코드 6]은 시리즈 생성에 인덱스를 설정하는 방법이다. 시리즈에서 인덱스는 인위적으로 숫자(정수 또는 실수)와 문자로 설정이 가능하다.

실습 3-25 시리즈에서 인덱스를 수정하자.

코드 1
```
import pandas as pd
```

코드 2
```
grade = [99,88,92]
```

코드 3
```
grade_table = pd.Series(grade)
print(grade_table)
```

(결과)
```
0    99
1    88
2    92
dtype: int64
```

코드 4
```
names = ['Kim','Lee', 'Park']
```

코드 5
```
grade_table.index = pd.Index(names)
print(grade_table)
```

(결과)
```
Kim     99
Lee     88
Park    92
dtype: int64
```

코드 6
```
grade_table.index
```

(결과)
```
Index(['Kim', 'Lee', 'Park'], dtype='object')
```

코드 7
```
grade_table['Kim']
```

(결과)
```
99
```

[코드 4]는 새로운 인덱스를 생성한다. [코드 5]는 "grade_table"의 인덱스를 수정하는 코드로 "pd.Index()" 매서드를 사용한다. 새르운 인덱스가 변수 "names"로 수정되었고, [코드 7]에서 'Kim' 인덱스(레이블)의 값이 99로 확인된다.

데이터 프레임의 인덱스

- 데이터 프레임의 인덱스도 시리즈와 마찬가지로 행과 열이 양의 정수로 순차적으로 시작된다.
- 인덱스의 설정 및 수정도 시리즈와 거의 동일하다.
- 시리즈는 1차원이고 데이터 프레임은 2차원이지만 기본적으로 테이블의 형식을 가지고 있다.

실습 3-26 2차 배열을 이용하여 데이터 프레임을 생성하자.

코드 1

```
import numpy as np
import pandas as pd
```

코드 2

```
A_arr = np.arange(12).reshape(4,3)     # 2차원 배열 생성
print(A_arr)
```

(결과)

```
[[ 0  1  2]
 [ 3  4  5]
 [ 6  7  8]
 [ 9 10 11]]
```

코드 3

```
A = pd.DataFrame(A_arr)     # 2차원 배열을 데이터 프레임으로 변환
print(A)
```

(결과)

```
   0   1   2
0  0   1   2
1  3   4   5
2  6   7   8
3  9  10  11
```

코드 4

```
row_names = ['row1', 'row2', 'row3', 'row4']    # 행 인덱스 설정
col_names = ['col1','col2','col3']               # 열 인덱스 설정
B = pd.DataFrame(A_arr, index = row_names, columns = col_names)
print(B)
```

(결과)

```
      col1  col2  col3
row1     0     1     2
row2     3     4     5
row3     6     7     8
row4     9    10    11
```

[코드 2]에서 2차 배열을 생성하고, [코드 3]은 생성된 2차 배열을 데이터 프레임으로 변환한 결과이다. 여기서 행과 열의 인덱스는 양의 정수이다. [코드 4]는 행과 열의 인덱스를 설정된 문자로 수정하였고 그 방법은 "pd.DataFrame"에서 옵션 "index"(행)와 "columns"(열)에 설정된 인덱스로 할당한다.

실습 3-27 딕셔너리를 이용하여 데이터 프레임을 생성하자.

코드 1
```
import pandas as pd
```

코드 2
```
A_dict = {'Name':['Kim','Park','Lee'],'Age': [20,21,22],'Grade':[90,88,85]}
print(A_dict)
```

(결과)
```
{'Name': ['Kim', 'Park', 'Lee'], 'Age': [20, 21, 22], 'Grade': [90, 88, 85]}
```

코드 3
```
df_dict = pd.DataFrame(A_dict)
print(df_dict)
```

(결과)
```
   Name  Age  Grade
0  Kim   20   90
1  Park  21   88
2  Lee   22   85
```

[코드 2]에서 key가 'Name', 'Age' 그리고 'Grade'인 딕셔러리가 생성된다. [코드 3]은 딕셔너리를 데이터 프레임으로 변환한 결과이고 key가 열의 인덱스로 설정된다.

인덱서와 슬라이싱

- Pandas에서 인덱스는 양의 정수뿐만 아니라 다양한 레이블로 설정할 수 있다. 그것은 딕셔너리의 키와 같은 역할을 한다.

실습 3-28 (실습 3-26)에서 생성한 데이터 프레임 중 특정 행 또는 열을 선택하자.

코드 5
```
A
```

(결과)

	0	1	2
0	0	1	2
1	3	4	5
2	6	7	8
3	9	10	11

코드 6
```
A[[0,2]]      # 여러 개 열 선택
```

(결과)

	0	2
0	0	2
1	3	5
2	6	8
3	9	11

코드 7
```
B['col1']
```

(결과)
```
row1    0
row2    3
row3    6
row4    9
Name: col1, dtype: int32
```

코드 8
```
B[['col1','col3']]
```

(결과)

	col1	col3
row1	0	2
row2	3	5
row3	6	8
row4	9	11

[코드 5]부터 [코드 8]은 (실습 3-26)에서 생성된 데이터 프레임에서 선택하여 얻은 결과이다. 단, 특정 행(들)을 선택 시 오류 발생한다.

Pandas의 인덱스

- 시리즈나 데이터 프레임에서 NumPy와 동일한 방식으로 특정 행을 선택할 수는 없고, Pandas는 다른 표현의 인덱서를 제공한다.
- pandas에서 제공하는 인덱스는 'loc', 'iloc', 'ix'이다.

〈표〉 인덱서의 종류

Indexing	Description
loc	.loc() - Label based
iloc	.iloc() - Integer based
ix	.ix() - Both label and integer based

- 데이터 프레임의 특정 항목 또는 범위를 선택하려면 두 가지 방식이 있다. 하나는 레이블이고 다른 하나는 양의 정수이다.
- 레이블 방식: 인덱서 "loc()"를 이용하여 행 또는 열을 선택할 수 있다.
- 양의 정수 방식: 넘파이와 동일한 방식으로 "iloc()"를 이용하면 된다.
- "iloc()"에서 콜론을 이용한 슬라이싱은 넘파이와 동일하지만, "loc()"는 차이가 있다. 예를 들면 "iloc(1:3)"은 1, 2로 나타나지만, "loc(1:3)"은 1, 2, 3이다.

실습 3-29 (실습 3-26)에서 생성한 데이터 프레임 중 〈표〉에서 제시한 인덱서를 이용하여 특정 행 또는 열을 선택하자.

코드 9
```
A
```
(결과)
```
     0    1    2
0    0    1    2
1    3    4    5
2    6    7    8
3    9    10   11
```
코드 10
```
A.loc[1,1]
```
(결과)
```
4
```
코드 11
```
A.loc[1:2,1]
```
(결과)
```
1    4
2    7
Name: 1, dtype: int32
```
코드 12
```
A.loc[2:3,1:2]      # 레이블로 인덱싱
```
(결과)
```
     1    2
2    7    8
3    10   11
```
코드 13
```
A.iloc[2:3,1:2]      # A.loc[2:3,1:2]과 다른 결과
```
(결과)
```
     1
2    7
```

[코드 9]부터 "A"의 인덱스는 양의 정수이다. 만약 인덱서 "loc"를 사용하면 레이블로 인식하여 인덱싱 및 슬라이싱이 적용된다. [코드 11]과 [코드 12]는 범위로 선택되어, 그 결과의 맨 왼쪽 열은 인덱스(레이블)이다. [코드 13]은 양의 정수 인덱스로 3행(정수 2)과 2열(정수 1)에 위치한 값 7로 나타난다.

3.2.4 데이터 파일로 Pandas 객체 생성

데이터 파일 처리(데이터 입력)

데이터 처리는 데이터를 입력(데이터 파일을 불러오기)부터 시작된다. Pandas에서 텍스트, CSV, 엑셀 등을 데이터 프레임으로 불러올 수 있고, 그 방법들을 예제를 통하여 실습하자.

실습 3-30 메모장에서 작성된 "data_text.txt"을 데이터 프레임으로 불러오자.

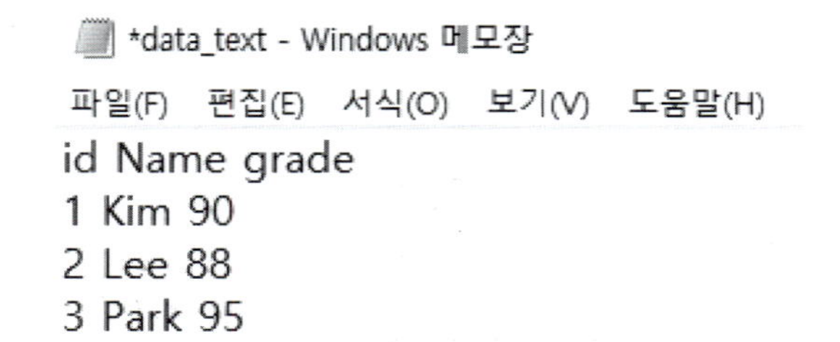

〈그림〉 data_text.txt

코드 1

```
import pandas as pd
```

코드 2

```
data1 = pd.read_csv('data_text.txt', sep =" ")
print(data1)
```

(결과)

```
   id  Name   grade
0  1   Kim    90
1  2   Lee    88
2  3   Park   95
```

[코드 2]에서 텍스트 파일을 불러오는 명령어는 "pd.read_csv(텍스트 파일명, sep=구분자)"이다. 여기서 구분자는 공배 또는 콤마(,) 등이 있다. 인쇄된 내용을 살펴보면 행 인덱스는 양의 정수로 열의 인덱스는 레이블로 설정되었다.

실습 3-31 엑셀에서 작성된 "data_csv.csv"을 데이터 프레임으로 불러오자.

	A	B	C
1	id	name	grade
2	1	Kim	90
3	2	Park	88
4	3	Lee	93

〈그림〉 data_csv.csv

코드 3

```
data2 = pd.read_csv('data_csv.csv',sep=",")
print(data2)
```

(결과)

```
   id  name  grade
0  1   Kim     90
1  2   Park    88
2  3   Lee     93
```

〈data_csv.csv〉는 엑셀에서 콤마를 구분자로 저장되었다. 메모장이나 다른 텍스트 편집장에서 만든다. [코드 3]에서 CSV 파일을 불러오는 명령어는 "pd.read_csv(텍스트 파일명, sep=구분자)"이다. 인쇄된 내용을 살펴보면 행 인덱스는 양의 정수로 열의 인덱스는 레이블로 설정되었다.

실습 3-32 엑셀에서 작성된 "data_excel.xlsx"을 데이터 프레임으로 불러오자.

	A	B	C
1	id	name	grade
2	1	Kim	90
3	2	Park	88
4	3	Lee	93

	A	B	C
1	id	name	age
2	1	Kim	24
3	2	Park	27
4	3	Lee	25

〈그림〉 data_excel.xlsx – sheet name : grade, info

코드 1

```
import pandas as pd
```

코드 2

```
data3 = pd.read_excel('data_excel.xlsx', sheet_name = 'grade')
data4 = pd.read_excel('data_excel.xlsx', sheet_name = 'info')
```

코드 3

```
print(data3)
print(data4)
```

(결과)

```
   id  name  grade
0   1  Kim     90
1   2  Park    88
2   3  Lee     93
   id  name   age
0   1  Kim     24
1   2  Park    27
2   3  Lee     25
```

〈data_excel.xlsx〉는 엑셀 파일로 시트명이 "grade"와 "info"가 있다. [코드 2]에서 "pd.read_excel(엑셀 파일명, sheet_name=시트명)"은 명령어이다. [코드 3]에 인쇄된 내용을 살펴보면 행 인덱스는 양의 정수로 열의 인덱스는 레이블로 설정되었다.

데이터 파일 처리(데이터 출력)

앞의 내용은 파일을 불러와서 판다스 객체를 생성하는 방법을 다루었다면, 시리즈 또는 데이터 프레임을 텍스트, CSV 그리고 엑셀 파일로 저장하는 방법을 예제를 통하여 다룬다.

실습 3-33 시리즈와 데이터 프레임을 파일명 “data_out_txt.txt”, “data_out_csv.csv” 그리고 “data_out_excel.xlsx”로 저장하자.

코드 1

```
import pandas as pd
```

코드 2

```
data_Series = pd.Series([24.1, 29.3, 27.3], index = ['Kim','Park','Lee'],name="BMI")
print(data_Series)
```

(결과)

```
Kim     24.1
Park    29.3
Lee     27.3
Name: BMI, dtype: float64
```

코드 3

```
data_Series.to_csv('data_Series_txt.txt', sep='\t')
```

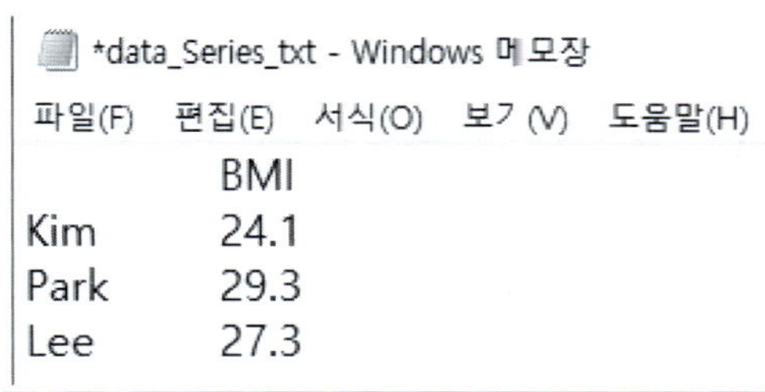

〈그림〉 data_Series_txt.txt

[코드 2]에서 시리즈를 생성한다. “pd.Series()”에서 “index”는 행 레이블을 설정하고, “name”은 리스트의 레이블이다. [코드 3]은 변수명 “data_Series”를 텍스트로 저장한다. 여기서 “변수명.to_csv()” 매서드는 저장할 파일명(“data_Series_txt.txt”)을 설정하고, 구분자(“sep='\t”)를 탭(또는 공배 또는 콤마)으로 설정한다.

코드 4

```
import pandas as pd
```

코드 5

```
data_Series_add = pd.Series([24, 30, 32], index = ['Kim','Park','Lee'],name="Age")
data_frame=pd.merge(data_Series,data_Series_add,right_index=True,left_inde
x=True)
print(data_frame)
```

(결과)

```
      BMI   Age
Kim   24.1   24
Park  29.3   30
Lee   27.3   32
```

코드 6

```
data_frame.to_csv('data_frame.csv',encoding='utf-8-sig')
```

	A	B	C
1		BMI	Age
2	Kim	24.1	24
3	Park	29.3	30
4	Lee	27.3	32

〈그림〉 data_frame.csv

[코드 5]에서 두 개 시리즈를 병합하는 판다스 매서드 "pd.merge(df1, df2, right_index=True, left_index=True)"를 수행하여 데이터 프레임 변수명 "data_frame"을 생성한다. [코드 6]에서 변수명 "data_frame"을 CSV로 저장하려면 매서드 "변수명.to_csv('변수명.csv')"를 수행한다. 여기서 "encoding"은 문자열 인코딩으로 한글이 깨지는 것을 방지해 준다. 여기서는 자세한 내용을 다루지 않는다.

코드 7

```
data_frame.to_excel('data_frame.xlsx', sheet_name='Sheet1',index=False,header=False)
```

	A	B
1	24.1	24
2	29.3	30
3	27.3	32

〈그림〉 data_frame.xlsx

마지막으로 엑셀 저장은 매서드 “변수명.to_excel(‘파일명.xlsx’, sheet_name=‘시트명’, index=True 또는 False, header=True 또는 False)”가 사용된다. 여기서 “index=False”는 행 레이블 없이 저장한다는 의미이고 “header=False”는 열 레이블이 없는 것을 의미한다.

3.2.5 Pandas 객체의 조작

데이터 분석에서의 Pandas

데이터 분석을 성공적으로 이끌기 위해서는 양질의 데이터 확보가 중요하고, 여기서 데이터 처리가 차지하는 비중은 상당하다. 데이터 처리는 데이터 수집, 정제, 변환, 통합 등으로 구성되어 있고 데이터 분석에 필수적인 과정이다. 판다스는 데이터 정제, 변환, 통합 등을 지원하는 라이브러리이다. 또한 대용량 데이터를 빠르고 유연하게 처리할 수 있어서, 데이터를 다루는 사람에게 매우 유용하고도 필수적인 라이브러리이기도 하다.

데이터 정렬

데이터 처리에서 필요한 정보를 빠르게 검색하고 처리하려면 정렬이 필요하다. 데이터 정렬로 검색 속도 향상, 중복 제거, 데이터 분석에 용이성, 데이터 출력의 가독성 향상 등의 효과가 있다. 대표적인 정렬에는 오름차순 및 내림차순이 있다.

실습 3-34 시리즈 정수 난수를 생성하고 오름차순 또는 내림차순으로 정렬하자.

코드 1
```
import numpy as np
import pandas as pd
```

코드 2
```
sr_gen=pd.Series(np.random.randint(20, size=5))
print(sr_gen)
```

(결과)
```
0     7
1    10
2    13
3    19
4     9
dtype: int32
```

코드 3
```
sr_ascending = sr_gen.sort_values()    # 오름차순
print(sr_ascending)
```

(결과)
```
0     7
4     9
1    10
2    13
3    19
dtype: int32
```

코드 4
```
sr_ascending.index                     # 인덱스 정보
```

(결과)
```
Int64Index([0, 4, 1, 2, 3], dtype='int64')
```

코드 5
```
sr_descending = sr_gen.sort_values(ascending=False)
print(sr_descending)
```

(결과)
```
3    19
2    13
1    10
4     9
0     7
dtype: int32
```

[코드 2]는 넘파이에서 제공하는 정수 난수로, "np.random.randint(20, size=5)"는 19까지 양의 정수를 5개 생성하라는 의미이다. [코드 3]에서 "시리즈 변수명.sort_values()"는 오름차순으로 정렬하라는 매서드이고 그 결과는 왼쪽 첫 번째 열은 정렬된 인덱스와 두 번째 열은 정렬된 값이다. [코드 4]는 정렬 후 인덱스 정보만을 제공하는 매서드이다. [코드 5]에서는 내림차순에 대한 옵션이다.

실습 3-35 데이터 프레임 정수 난수를 생성하고 오름차순 또는 내림차순으로 정렬하자.

코드 1

```
import pandas as pd
```

코드 2

```
data_dict={'col1':[1,4,2,3], 'col2':[30,20,40,10],'col3':[200,300,100,100]}
data_frame = pd.DataFrame(data_dict)
print(data_frame)
```

(결과)

```
   col1  col2  col3
0  1     30    200
1  4     20    300
2  2     40    100
3  3     10    100
```

코드 3

```
data_frame.sort_values(by=['col1'])
```

(결과)

```
   col1  col2  col3
0  1     30    200
2  2     40    100
3  3     10    100
1  4     20    300
```

데이터 프레임의 정렬도 시리즈와 마찬가지로 "데이터 프레임 변수명.sort_values(by=[해당 열 레이블])" 매서드를 사용하면 된다. [코드 3]에서 열 레이블 'col1'을 기준으로 오름차순으로 정렬한 결과이다. 정렬된 행 레이블을 정보는 (실습 3-34)에서 제시된 매서드를 사용하면 된다.

코드 4

```
data_frame.sort_values(by=['col1','col3'])    # col1과 col3 순서로 다중 정렬
```

(결과)

	col1	col2	col3
0	1	30	200
2	2	40	100
3	3	10	100
1	4	20	300

코드 5

```
data_frame.sort_values(by=['col3','col1'])    # col3과 col1 순서로 다중 정렬
```

(결과)

	col1	col2	col3
2	2	40	100
3	3	10	100
0	1	30	200
1	4	20	300

[코드 4]와 [코드 5]는 다중 정렬을 제시한 결과이다. 단, 주어진 열들 중 값들이 중복된 것이 있어야 한다. 모든 정렬에서 오름차순은 (실습 3-34)에서 제시한 옵션을 사용하면 된다.

데이터 결측치의 처리

결측치는 "Null", "NA" 그리고 "NAN"으로 구분한다. 이 부분은 이미 다루었다. 판다스(또는 넘파이)에서 결측치 생성, 탐색 그리고 처리를 다루자.

실습 3-36 결측치를 생성하자.

코드 1

```
import pandas as pd
import numpy as np
```

코드 2

```
data_Series1 = pd.Series([22,20,30,44],name='Age')
data_Series1.iloc[1] = None                    # None으로 결측치 생성
print(data_Series1)
```

(결과)

```
0    22.0
1    NaN
2    30.0
3    44.0
Name: Age, dtype: float64
```

코드 3

```
data_Series2 = pd.Series([23.2,30,25.4,33.3],name='BMI')
data_Series2.iloc[2] = np.nan                  # np.nan으로 결측치 생성
print(data_Series2)
```

(결과)

```
0    23.2
1    30.0
2    NaN
3    33.3
Name: BMI, dtype: float64
```

코드 4

```
data_frame = pd.merge(data_Series1,data_Series2,right_index=True,left_index=True)
print(data_frame)
```

(결과)

```
     Age    BMI
0    22.0   23.2
1    NaN    30.0
2    30.0   NaN
3    44.0   33.3
```

[코드 2]에서 시리즈에 결측치를 예약어 "None"을 이용하여 생성하고, 인쇄 결과는 "NaN"으로 나타난다. [코드 3]에서 결측치를 넘파이 매서드 "np.nan"을 이용하여 생성하고, 인쇄 결과는 "None"과 동일한 "NaN"으로 나타난다.

실습 3-37 (실습 3-36)에서 생성한 결측치를 탐색하자.

코드 5
```
data_Series1.isnull()      # 시리즈 결측치 탐색
```

(결과)
```
0      False
1      True
2      False
3      False
Name: Age, dtype: bool
```

코드 6
```
data_frame.isnull()      # 데이터 프레임 결측치 탐색
```

(결과)
```
       Age      BMI
0      False    False
1      True     False
2      False    True
3      False    False
```

코드 7
```
data_frame.notnull()      # 결측치 아닌 항목 탐색
```

(결과)
```
       Age      BMI
0      True     True
1      False    True
2      True     False
3      True     True
```

[코드 5]와 [코드 6]에서 결측치의 유무는 매서드 "변수명.isnull()"로 이용하고 논리형(True 또는 False)의 결과가 제시된다. 만약 결측치가 아닌 항목을 판별하려면 매서드 "변수명.notnull()"을 사용한다.

실습 3-38 (실습 3-37)에서 탐색된 결측치를 "0"으로 대체하자.

코드 8

```
data_frame['Age'].fillna(0)
print(data_frame)
```

(결과)

```
      Age    BMI
0     22.0   23.2
1     NaN    30.0
2     30.0   NaN
3     44.0   33.3
```

코드 9

```
data_frame['Age'].fillna(0,inplace=True)
print(data_frame)
```

(결과)

```
      Age    BMI
0     22.0   23.2
1     0.0    30.0
2     30.0   NaN
3     44.0   33.3
```

코드 10

```
data_frame_test                                                        =
pd.merge(data_Series1,data_Series2,right_index=True,left_index=True)
print(data_frame_test)
data_frame.replace(to_replace=np.nan, value=0)
```

(결과)

```
      Age    BMI
0     22.0   23.2
1     NaN    30.0
2     30.0   NaN
3     44.0   33.3

      Age    BMI
0     22.0   23.2
1     0.0    30.0
2     30.0   0.0
3     44.0   33.3
```

결측치에 사용되는 매서드는 “변수명[하나의 열 레이블].fillna()”와 “변수명.replace()”가 있다. [코드 8]과 [코드 9]는 매서드 “변수명[하나의 열 레이블.fillna(대체값, inplace=False 또는 True)”로 이용한 결과이다. 여기서 옵션 “inplace”의 기본값은 “False”로, “data_frame” 결측치가 대체값으로 변경되지는 않고, “True”로 설정해야 해당 결측값이 변경이 된다. 이것은 잘못 대체되는 것을 방지할 목적이 있다. [코드 10]에서 매서드 “변수명.replace(to_replace=값 또는 문자, value=대체값)”은 모든 레이블들에 있는 결측치를 대체하는 방법이다.

실습 3-39 (실습 3-38)에서 탐색된 결측치가 있는 열 또는 행을 삭제하자.

코드 11

```
data_frame_test =
pd.merge(data_Series1,data_Series2,right_index=True,left_index=True)
data_frame_test.iloc[1,0]=0
print(data_frame_test)
```

(결과)

```
   Age   BMI
0  22.0  23.2
1   0.0  30.0
2  30.0  NaN
3  44.0  33.3
```

코드 12

```
data_frame_1 = data_frame.dropna(axis=1)
print(data_frame_1)
```

(결과)

```
   Age
0  22.0
1   0.0
2  30.0
3  44.0
```

결측치(“NaN”)가 존재하는 행 또는 열을 삭제하려면 매서드 “데이터 프레임 변수명.dropna()”를 이용한다. 여기서 “axis=0 또는 1”을 설정하면 결측치가 존재하는 행(0) 또는 열(1)이 삭제된다.

데이터 결합과 변형

다양한 원천에서 데이터들이 수집된 후 이 데이터들을 결합하는 일은 중요하고 번거로운 일이다. 판다스는 데이터들을 결합하는데 몇 가지 매서드와 함수가 제공된다. 예제를 통하여 이들의 활용을 살펴보자.

실습 3-40 시리즈 또는 데이터 프레임을 결합하자. (단, 판다스 함수"pd.concat()"를 사용하자.)

코드 1

```
import pandas as pd
import numpy as np
```

코드 2

```
data_series_a = pd.Series(['a0','b1','c2'])
print('(1) data_series_a=',data_series_a,sep='\n')
data_series_b = pd.Series(['b0','b1','b2'],index = ['b_0','b_1','b_2'])
print('(2) data_series_b=',data_series_b,sep='\n')
data_frame_A = pd.DataFrame([['A00','A01'],['A10','A11']])
print('(3) data_frame_A=',data_frame_A,sep='\n')
data_frame_B = pd.DataFrame([['B00','B01','B02'], ['B10','B11','B12']])
print('(4) data_frame_B=',data_frame_B,sep='\n')
```

(결과)

```
(1) data_series_a=
0    a0
1    b1
2    c2
dtype: object
(2) data_series_b=
b_0    b0
b_1    b1
b_2    b2
dtype: object
(3) data_frame_A=
     0    1
0  A00  A01
1  A10  A11
(4) data_frame_B=
     0    1    2
0  B00  B01  B02
1  B10  B11  B12
```

코드 3

```
data_series_ab = pd.concat([data_series_a,data_series_b])
print(data_series_ab)
```

(결과)

```
0      a0
1      b1
2      c2
b_0    b0
b_1    b1
b_2    b2
dtype: object
```

코드 4

```
print(data_series_ab.iloc[0])
print(data_series_ab.iloc[3])
print(data_series_ab.loc[0])
print(data_series_ab.loc['b_0'])
```

(결과)

```
a0
b0
a0
b0
```

코드 5

```
pd.concat([data_frame_A, data_frame_B])
```

(결과)

	0	1	2
0	A00	A01	NaN
1	A10	A11	NaN
0	B00	B01	B02
1	B10	B11	B12

코드 6

```
pd.concat([data_frame_A, data_frame_B],axis=1)
```

(결과)

	0	1	0	1	2
0	A00	A01	B00	B01	B02
1	A10	A11	B10	B11	B12

[코드 3]에서 시리즈들을 판다스 함수 "pd.concat([시리즈 또는 데이터 프레임])"로 결합할 수 있고, "data_series_a"와 "data_series_b"을 결합하여 새로운 변수명("data_series_ab")로 저장하고 인쇄한 결과이다. 여기서 생성된 시리즈("data_series_ab")는 행 방향(기본값, axis=0)으로 항목들이 순차적으로 결합되었고, [코드 4]에서 인덱스는 원래 설정된 레이블로 자동 설정된다. 인덱스에 관한 매서드("loc[] 및 iloc[]")는 앞의 내용을 확인하자.

코드 7

```
pd.concat([data_frame_A, data_frame_B],axis=0,ignore_index=True)
```

(결과)

	0	1	2
0	A00	A01	NaN
1	A10	A11	NaN
2	B00	B01	B02
3	B10	B11	B12

코드 8

```
pd.concat([data_frame_A, data_frame_B.T])
```

(결과)

	0	1
0	A00	A01
1	A10	A11
0	B00	B10
1	B01	B11
2	B02	B12

[코드 5]부터 [코드 8]까지는 데이터 프레임들을 결합한 과정 및 결과이다. 생성된 데이터 프레임은 "data_fram_A"(행의 수 2개, 열의 수 2개)와 "data_frame_B"(2, 3)이다. [코드 5]는 "pd.concat"을 두 데이터 프레임에 기본적으로 적용하여 수행한 결과로 행 방향으로 결합되었다. [코드 6]은 열 방향으로 결합한 결과이고 함수 "pd.concat"에 "axis=1"로 설정해야 한다. [코드 7]로부터 결합된 데이터 프레임(또는 시리즈)의 레이블을 양의 정수 인덱스로, 0부터 순차적인 숫자로 표현하려면 옵션 "ignore_index =True"로 설정한다. 또한 결합하고자 하는 데이터 프레임(시리즈)의 행의 수와 열의 수가 일치하지 않으면, 그 중 열(행)의 수가 가장 큰 수로 형태가 설정되고 빈 항목은 "NaN"으로 채워진다. [코드 8]은 두 데이터 프레임의 형태를 일치시키고자 매서드 "변수명.T"를 사용하여 행과 열을 변경한 후 결합된 결과이다.

참고 매서드 "변수명.append()"로도 시리즈 또는 데이터 프레임을 결합할 수 있지만, 추후 새로운 버전에는 삭제된다.

실습 3-41 행 레이블이 다른 데이터 프레임들을 결합하자.

코드 1
```
import pandas as pd
```

코드 2
```
data_frame_A = pd.DataFrame([['A00','A01'],['A10','A11']],index=[0,1])
print('(1) data_frame_A=',data_frame_A,sep='\n')
data_frame_B = pd.DataFrame([['B00','B01'],['B10','B11']],index=[4,5])
print('(2) data_frame_B=',data_frame_B,sep='\n')
data_frame_C = pd.DataFrame([['C00','C01'],['C10','C11']],index=[7,8])
print('(3) data_frame_!=',data_frame_C,sep='\n')
```

(결과)
```
(1) data_frame_A=
     0    1
0  A00  A01
1  A10  A11
(2) data_frame_B=
     0    1
4  B00  B01
5  B10  B11
(3) data_frame_!=
     0    1
7  C00  C01
8  C10  C11
```

코드 3
```
pd.concat([data_frame_A,data_frame_B,data_frame_C])
```

(결과)
```
     0      1
0    A00    A01
1    A10    A11
4    B00    B01
5    B10    B11
7    C00    C01
8    C10    C11
```

[코드 2]에서 인덱스가 양의 정수로 설정되었지만, 연속적으로 1씩 증가하는 양의 정수가 아닌 세 개의 데이터 프레임이 생성된다. [코드 3]은 결합함수 "pd.concat"의 기본적인 사용법으로 행 방향으로 주어진 데이터 프레임들이 결합된 결과이다. 여기서 행 인덱스는 원래 데이터 프레임의 인덱스로 설정된다.

코드 4

```
pd.concat([data_frame_A,data_frame_B,data_frame_C],axis=1)
```

(결과)

	0	1	0	1	0	1
0	A00	A01	NaN	NaN	NaN	NaN
1	A10	A11	NaN	NaN	NaN	NaN
4	NaN	NaN	B00	B01	NaN	NaN
5	NaN	NaN	B10	B11	NaN	NaN
7	NaN	NaN	NaN	NaN	C00	C01
8	NaN	NaN	NaN	NaN	C10	C11

코드 5

```
data_frame_ABC = pd.concat([data_frame_A.reset_index(drop=True),
data_frame_B.reset_index(drop=True),data_frame_C.reset_index(drop=True)],a
xis=1,keys=['A','B','C'])
print(data_frame_ABC)
```

(결과)

	A		B		C	
	0	1	0	1	0	1
0	A00	A01	B00	B01	C00	C01
1	A10	A11	B10	B11	C10	C11

코드 6

```
data_frame_ABC['A']
```

(결과)

	0	1
0	A00	A01
1	A10	A11

[코드 4]에서 첫 번째 데이터 프레임("data_frame_A")의 행 인덱스(레이블)가 다른 데이터 프레임들과 불일치하고 열 방향(axis=1)으로 데이터 프레임들을 결합하면, 일치하지 않은 행 인덱스 형태는 그대로 유지하고 열 방향으로 데이터 프레임들이 결합된다. [코드 5]는 [코드 4]의 데이터 프레임들의 행 인덱스의 불일치를 제거하고 결합하는 방법으로 매서드 "데이터 프레임 변수명.reset_index(drop=True)"을 사용한다. 이 매서드는 인덱스를 재설정하고, 옵션 "drop=True"는 기존 인덱스를 제거한다. "pd.concat"의 옵션 "keys"는 결합하고자 한 데이터 프레임들에 레이블을 설정한다.

데이터 연산

넘파이는 효율적으로 수치 계산 및 데이터 분석을 수행하는데 필수적인 라이브러리이다. 판다스도 데이터 처리뿐만 아니라 데이터 분석에 필요한 기본적인 값들을 제공하는 기능이 있다. 예를 들면 함수로 표현하면 항목의 전체 개수(count()), 첫 항목과 마지막 항목(first(), last()), 전체 항목들의 합(sum()), 평균(mean()), 중앙값(median()), 절대평균편차(med()), 최솟값과 최댓값(min(), max()), 표준편차와 분산(std(), var()), 전체 항목들의 곱(prod())이 있다.

실습 3-42 사칙연산을 수행하자.

코드 1

```
import pandas as pd
import numpy as np
```

코드 2

```
data_frame_1 = pd.DataFrame(np.ones(4).reshape(2,2))
data_frame_2 = pd.DataFrame(np.ones(9).reshape(3,3),index=[1,2,4])
print(data_frame_1)
print(data_frame_2)
```

(결과)

```
     0    1
0  1.0  1.0
1  1.0  1.0
     0    1    2
1  1.0  1.0  1.0
2  1.0  1.0  1.0
4  1.0  1.0  1.0
```

코드 3

```
data_frame_1 + data_frame_2
```

(결과)

```
     0     1     2
0    NaN   NaN   NaN
1    2.0   2.0   NaN
2    NaN   NaN   NaN
4    NaN   NaN   NaN
```

[코드 2]는 행 인덱스가 다른 두 데이터 프레임들을 생성한다. [코드 3]은 두 데이터 프레임들을 더한다. 여기서 행 인덱스가 일치하는 행들의 더하기만 정상적으로 수행되고 나머지는 "NaN"으로 나타난다. 또한 더하기 결과의 형태는 행의 인덱스가 유지되고, 열의 개수는 주어진 데이터 프레임들의 열의 수가 최대인 숫자로 결정된다. 뺄셈("-"), 곱셈("*"), 나눗셈("/") 그리고 나머지("%")도 마찬가지이다.

3.3 Matplotlib

Matplotlib 길잡이

데이터 시각화란 무엇인가?

- 데이터가 가지고 있는 특징을 효율적으로 전달하는 방법 중에 시각화가 있다.
- 대표적인 시각 표현으로 선, 막대그림, 원그림 산점도 등 다양한 형태가 있다.

시각화로 표현되는 정보의 특성은 다음과 같다.

- 수치 또는 텍스트 표현을 덜 복잡한 그림, 그래프 등의 간결한 시각적 표현으로 제공된다.
- 간결한 시간적 표현은 데이터의 형태, 추세 등을 파악 또는 분석하는데 효율적이다.
- 시각적 표현은 객관적인 관점의 의사소통뿐만 아니라 분석 관점의 차이를 줄일 수 있다.

Matplotlib은 무엇인가?

- 파이썬에서 선, 그림, 그래프 등의 다양한 시각적 표현을 구현하려면 도구가 필요하다. 바로 그 도구 중 하나가 Matplotlib이다.
- Matlplotlib는 파이썬에서 2D 그림을 생성하는 라이브러리로 선, 막대그림, 원그림 등 다양한 종류의 그림을 제공하며 데이터 시각화와 분석에 널리 사용된다.

3.3.1 Matplotlib의 소개

Matplotlib의 소개

- Matplotlib은 넘파이를 기반으로 만들어진 무료 데이터 시각화 및 그래프 라이브러리이다.
- Matplotlib는 선 그래프, 산점도, 막대 그래프, 원그림, 히스토그램, 상자그림, 3D 그래프 등을 제공한다.

Matplotlib의 설치

- Matplotlib 라이브러리 설치 명령어는 "pip install matplotlib"이다.
- Matplotlib 라이브러리를 설치하고"pip install matplotlib --upgrade"를 실행한다.
- 버전 확인은 "matplotlib.__version__"이고 설치된 버전("3.10.0")을 확인한다.
- Matplotlib 라이브러리 수행은 "import matplotlib" 또는 "import matplotlib as mpl"로 실행한다.

3.3.2 기본 그래픽

기본 그래픽

- Matplotlib 패키지에서 "pyplot"이라는 서브패키지만으로도 기본적인 그래픽 구현이 가능하다.
- 이 서브패키지는 공학용 소프트웨어 "Matlab"에서 제공하는 그래프 명령어들을 그대로 사용할 수 있도록 만들어졌다.
- Matplotlib에서 pyplot를 사용하려면 "import matplotlib.pyplot" 또는 "import matplotlib.pyplot as plt"로 실행한다.
- 그래프 종류는 선, 점, 막대, 스택 등이 있다.

실습 3-43 Matplotlib를 불러오자.

코드 1

```
import numpy as np
import matplotlib.pyplot as plt
```

선

선은 가장 간단한 그래프로 점과 점을 연결해 준다. Matplotlib에서는 함수 "plt.plot()"로 구현한다.

실습 3-44 선을 그려보자.

코드 1

```
import numpy as np
import matplotlib.pyplot as plt
```

코드 2

```
a = range(1,6)
```

코드 3

```
plt.plot(a)
plt.show()
```

(결과)

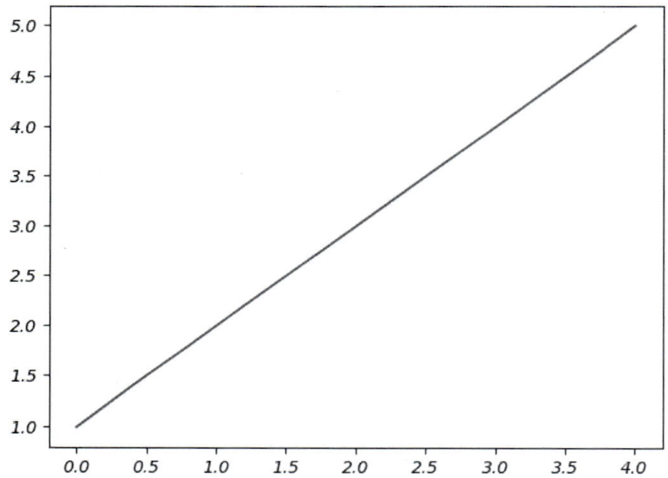

[코드 2]는 명령어 "range"를 이용하여 변수명 a에 (1,2,3,4,5)를 생성한다. [코드 3]은 변수명 a의 값들을 xy좌표평면에 선으로 표현한 코드이다. 여기서 명령어 "plt.plot(리스트)" 또는 "plt.plot(1차원 배열)"가 적용되어 변수명 a의 값들은 y축에 할당되고 x축 값들은 자동적으로 0부터 1씩 증가하는 값이 생성된다. 그리고 이들 값들은 (x,y)쌍으로 형성되어 xy좌표평면상에 선으로 이어진다. 함수 "plt.show()"은 수행한 그림이 화면에 보이게 한다.

실습 3-45 (실습 3-44)에서 제목과 축 라벨을 설정하라.

코드 1

```
import numpy as np
import matplotlib.pyplot as plt
```

코드 2

```
plt.plot(np.arange(2015,2025),np.random.rand(10))
plt.title('제목')
plt.xlabel('x축 라벨')
plt.ylabel('y축 라벨')
plt.show()
```

(결과)

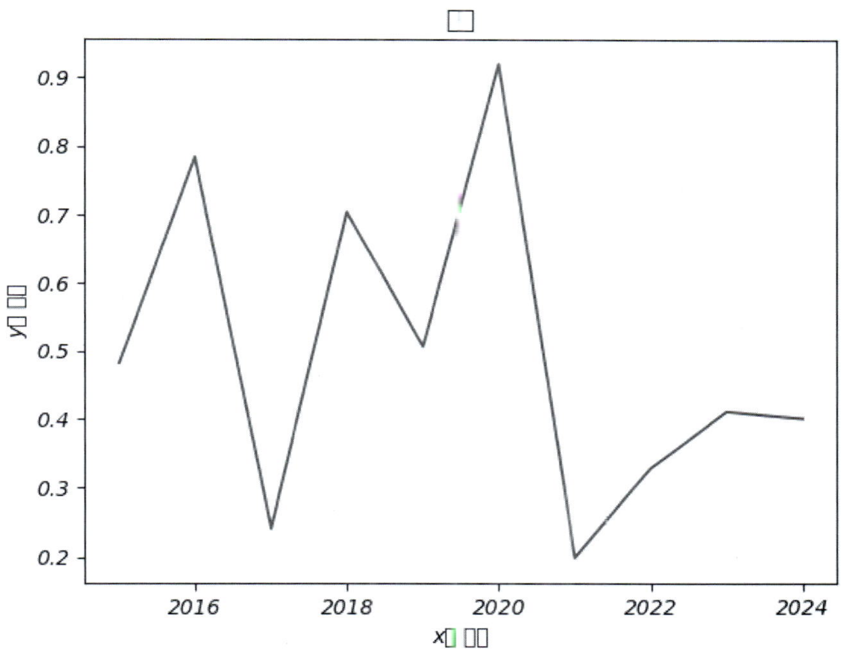

[코드 2]에서 선그림 함수인 "plt.plot(x축 리스트 또는 1차원 배열, y축 리스트 또는 1차원 배열)"은 x값과 y값이 있고, 함수 "plt.title()", "plt.xlabel()" 그리고 "plt.ylabel()"은 제목, 축 라벨이다. [결과]에서 이들 제목과 라벨이 한글이어서 깨진 현상이 나타났다. 이를 해결하려면 한글 폰트 지정이 수행되어야 한다. 다음 실습에서 한글 폰트가 지원되는 방법을 설명한다.

실습 3-46 (실습 3-45)에서 한글 폰트를 설정하고 제목과 라벨을 설정한다.

코드 1

```
plt.rc('font', family='GULIM')

plt.plot(np.arange(2015,2025),np.random.rand(10))
plt.title('제목')
plt.xlabel('x축 라벨')
plt.ylabel('y축 라벨')
plt.show()
```

(결과)

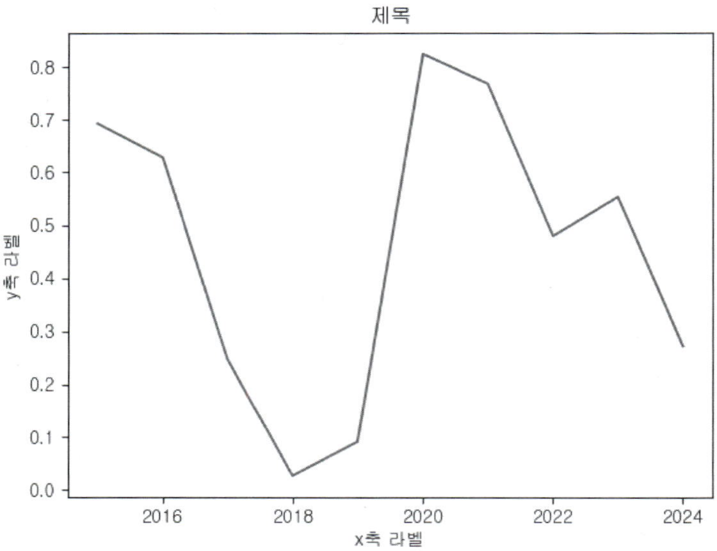

[코드 1]에서 첫 번째 줄 명령어 "plt.rc('font', family='GULIM')"가 한글을 지원하는 설정이다. 여기서 글꼴 'GULIM'이 사용자 컴퓨터에 설치되어 있어야 한다. 만약 글꼴을 변경하려면 시스템(또는 윈도우)의 설정에서 폰트 설정을 탐색하여 사용 가능한 글꼴로 수정하면 된다. 예를 들면, '궁서'로 변경하려면"plt.rc('font', family=''BATANG'')"을 수행하면 된다. 〈그림〉 개인 설정에서 글꼴 탐색으로 선호하는 글꼴을 찾을 수 있다.

참고 "plt.rc"는 "Runtime Configuration"의 약자이다. 그 역할은 그래프에서 글꼴, 선 종류, 두께 등을 수정할 수 있게 한다.

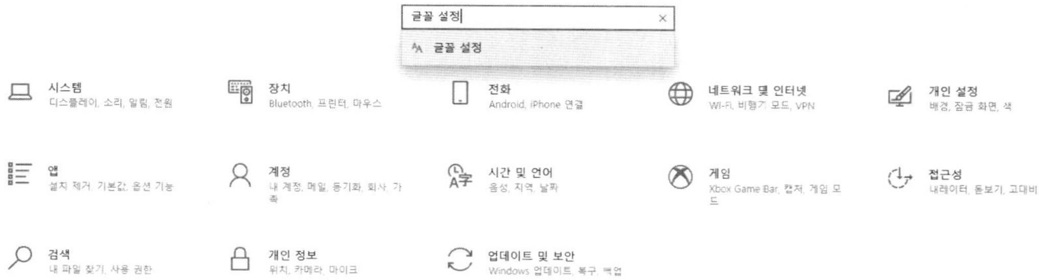
글꼴 설정
글꼴 설정
시스템
장치
전화
네트워크 및 인터넷
개인 설정
앱
계정
시간 및 언어
게임
접근성
검색
개인 정보
업데이트 및 보안

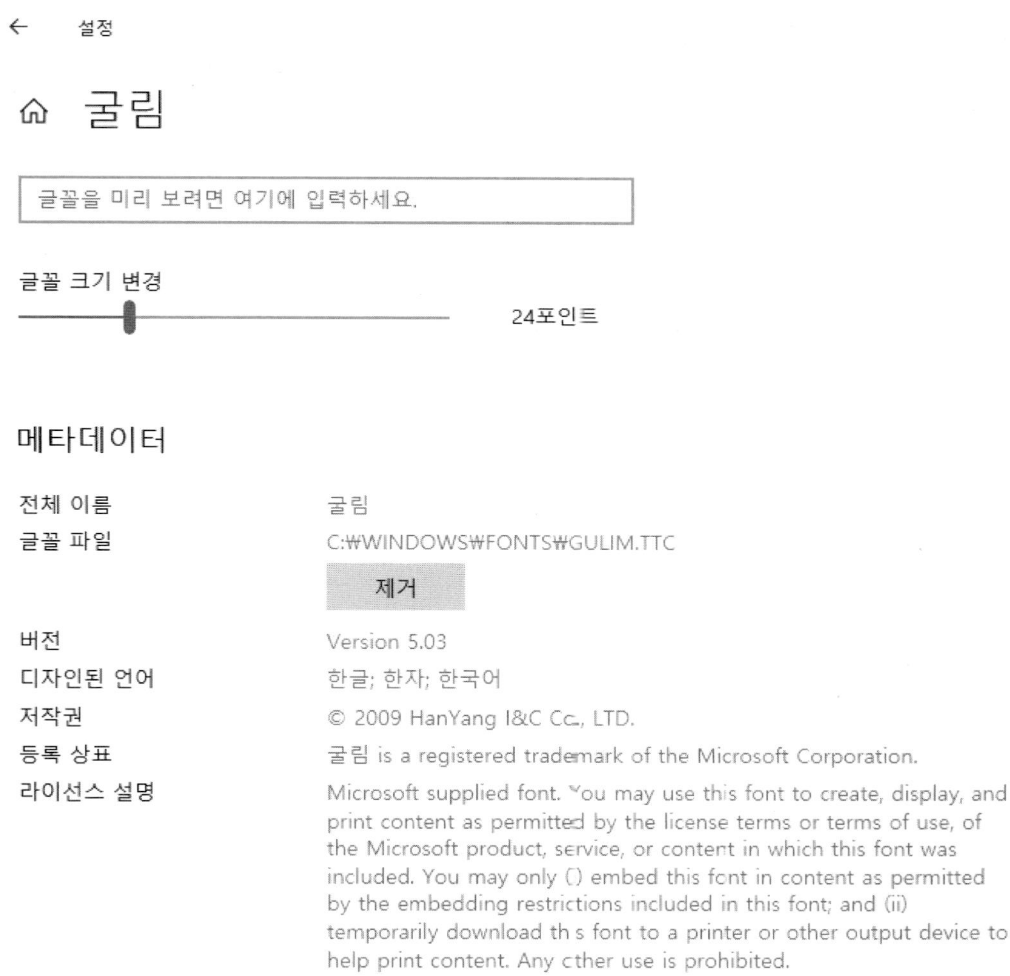
설정
굴림
글꼴을 미리 보려면 여기에 입력하세요.
글꼴 크기 변경
24포인트
메타데이터
전체 이름
굴림
글꼴 파일
C:₩WINDOWS₩FONTS₩GULIM.TTC
제거
버전
Version 5.03
디자인된 언어
한글; 한자; 한국어
저작권
© 2009 HanYang I&C Co., LTD.
등록 상표
굴림 is a registered trademark of the Microsoft Corporation.
라이선스 설명
Microsoft supplied font. You may use this font to create, display, and print content as permitted by the license terms or terms of use, of the Microsoft product, service, or content in which this font was included. You may only (i) embed this font in content as permitted by the embedding restrictions included in this font; and (ii) temporarily download this font to a printer or other output device to help print content. Any other use is prohibited.

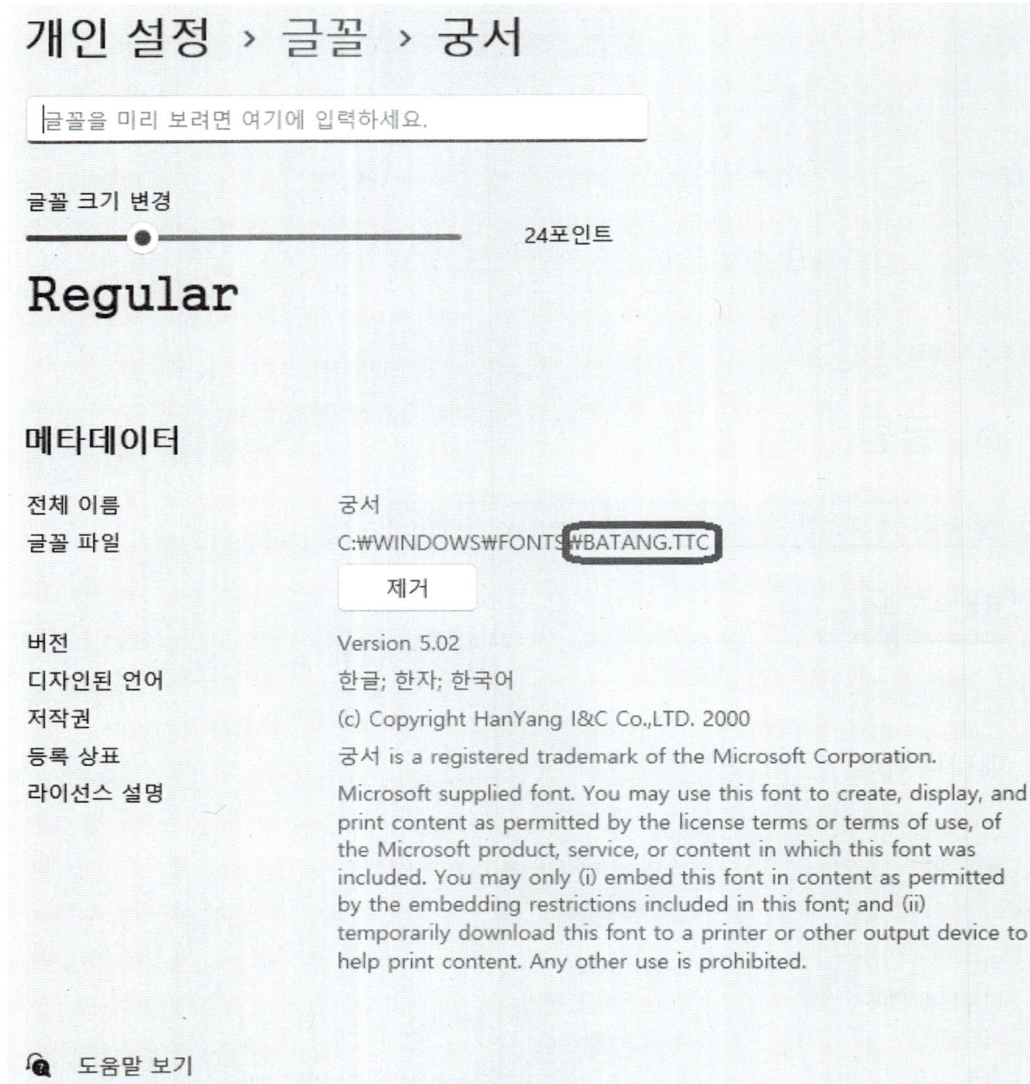

〈그림〉 개인 설정에서 글꼴 탐색

실습 3-47 여러 선들을 한 plot에 그리고 범례(legend)를 설정하자.

코드 1

```
import numpy as np
import matplotlib.pyplot as plt
import math
```

코드 2

```
x  = np.linspace(0,4,100)
y1 = np.sin(2*math.pi*x)
y2 = 2*np.sin(math.pi*x)
```

코드 3

```
plt.rc('font', family='GULIM')
plt.plot(x,y1,x,y2)
plt.title('사인함수')
plt.xlabel('x축')
plt.ylabel('y축')
plt.legend(['sin(2$\pi$x)','2sin($\pi$x)'])
plt.show()
```

(결과)

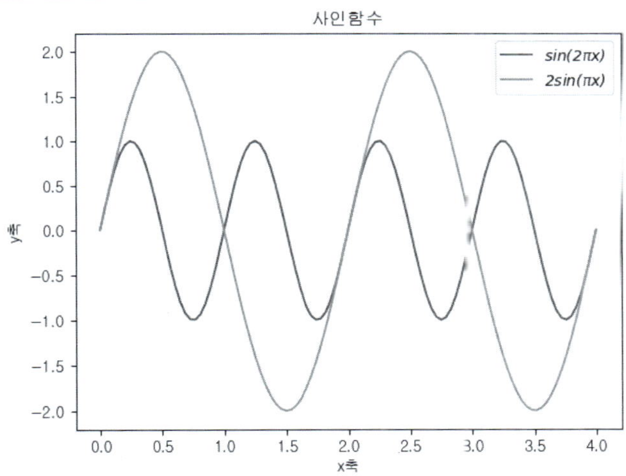

[코드 1]에서 수학 함수를 사용하겠다는 "math" 라이브러리를 설정한다. [코드 2]로부터 변수명 "x"는 "np.linspace(0,4,100)"를 이용하여 0부터 4까지 같은 간격으로 100개의 점들을 생성하고, 변수명 "y1"과 "y2"는 폭 및 주기가 다른 삼각함수를 생성한다. 여기서 삼각함수와 원주율(math.pi)을 사용한다. [코드 3]에서 "plt.plot(x,y1, x,y2)"는 한 페이지에 여러 선을 그려준다. 범례("plt.legend")는 선이 표현하는 라벨을 나타낸다.

실습 3-48 그래프 전체의 글자 크기를 설정하자.

코드 1

```
import numpy as np
import matplotlib.pyplot as plt
import math
```

코드 2

```
x  = np.linspace(0,4,100)
y1 = np.sin(2*math.pi*x)
y2 = 2*np.sin(math.pi*x)
```

코드 3

```
plt.rc('font', family='GULIM') # 한글 글꼴 설정
plt.rc('font', size=10)          # 그림 전체 폰트 크기 설정
plt.plot(x,y1,x,y2)
plt.title('사인함수')
plt.xlabel('x축')
plt.ylabel('y축')
plt.legend(['sin(2$\pi$x)','2sin($\pi$x)'])
plt.show()
```

(결과)

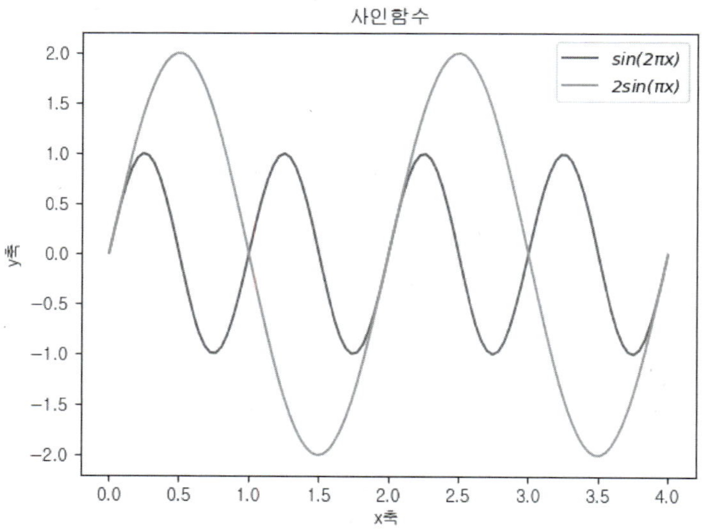

[코드 3]에서 "plt.rc('font',size=10)"은 그래프에 나타난 모든 글자의 크기(10)를 설정한다. 만약 글자 크기를 20으로 설정하면 그래프에 글자가 너무 크게 나타날 수 있어 적당하게 조절해야 한다.

실습 3-49 그래프의 특정한 부분만 글자 크기를 설정하자.

코드 4

```
plt.rc('font', family='GULIM')       # 한글 글꼴 설정
plt.rc('axes', titlesize=25)         # title 폰트 크기 설정
plt.rc('axes', labelsize=18)         # x,y 라벨 폰트 크기 설정
plt.rc('xtick', labelsize=10)        # y축 눈금 크기 설정
plt.rc('ytick', labelsize=10)        # x축 눈금 크기 설정
plt.rc('legend', fontsize=12)        # legend 폰트 크기 설정
```

코드 5

```
plt.plot(x,y1,x,y2)
plt.title('사인함수')
plt.xlabel('x축')
plt.ylabel('y축')
plt.legend(['sin(2$\pi$x)','2sin($\pi$x)'])
plt.show()
```

(결과)

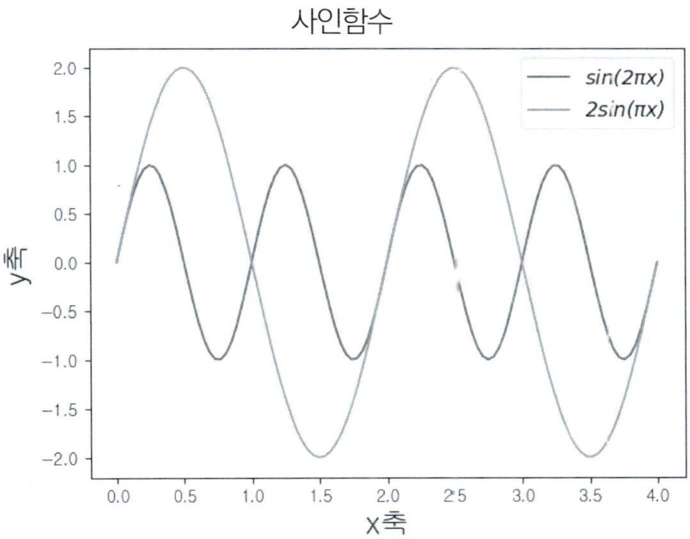

위 실습에서는 (실습 3-48)의 [코드 1] 및 [코드 2]가 수행되었다고 하고, [코드 3]은 그래프의 글꼴 및 폰트 크기를 설정한 코드이다. 명령어 "plt.rc(,)"로 'title', 'x축 label', 'y축 label' 그리고 '축 눈금'의 폰트 크기를 조절할 수 있다. [코드 4]를 수행하면 각 사용처에 따라서 폰트 크기가 조절된다. 자세한 설명은 [코드 5]의 수행으로 생략한다.

점

산점도는 xy좌표평면에 (x,y)의 위치를 점으로 나타낸 그림이다. 이를 수행하려면 Matplotlib에서 함수 "plt.scatter()"로 구현한다.

실습 3-50 두 개 1차원 배열을 생성하고 산점도를 구현하라.

코드 1
```
import numpy as np
import matplotlib.pyplot as plt
```

코드 2
```
x = 160+20*np.random.rand(30)        # x축 데이터 생성
y = 50+0.1*x+np.random.rand(30)      # y축 데이터 생성
```

코드 3
```
plt.scatter(x,y)
plt.show()
```

(결과)

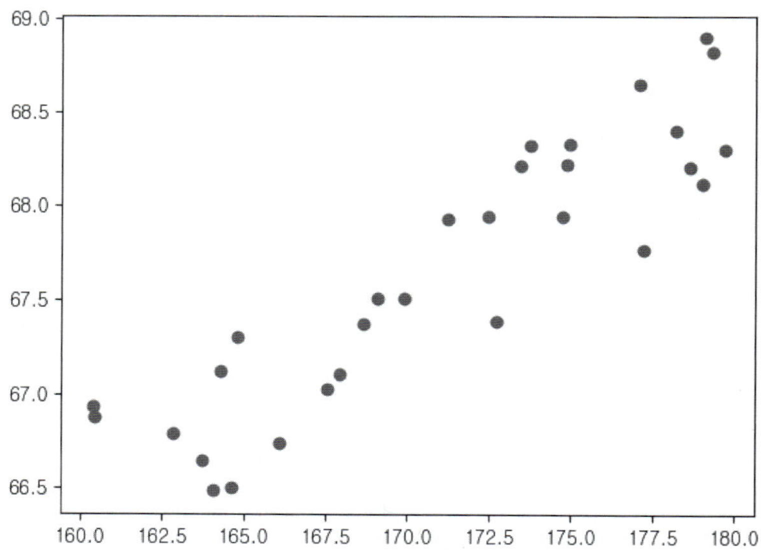

[코드 2]는 x축 및 y축 데이터를 "np.random.rand()"를 이용하여 30개씩 생성한 코드이다. [코드 3]은 변수 x와 y의 데이터를 명령어 "plt.scatter(x축 데이터, y축 데이터)"을 적용하여 산점도를 생성한 코드이다. [결과]는 [코드 3]을 수행한 그림이다.

실습 3-51 세 개 1차원 배열을 생성하고, 두 개 산점도를 한 개 산점도에 겹쳐서 그려라.

코드 1

```
import numpy as np
import matplotlib.pyplot as plt
```

코드 2

```
x  = 160+20*np.random.rand(30)      # x축 데이터 생성
y1 = 50+0.1*x+np.random.rand(30)    # y축 데이터 생성
y2 = 49+0.1*x+np.random.rand(30)    # y축 데이터 생성
```

코드 3

```
plt.rc('font', family='GULIM')      # 한글 글꼴 설정
plt.rc('axes', titlesize=25)        # title 폰트 크기 설정
plt.rc('axes', labelsize=18)        # x,y 라벨 폰트 크기 설정
plt.rc('xtick', labelsize=10)       # y축 눈금 크기 설정
plt.rc('ytick', labelsize=10)       # x축 눈금 크기 설정
```

코드 4

```
plt.scatter(x,y1)
plt.scatter(x,y2)
plt.grid()
plt.title('키와 몸무게 산점도')
plt.xlabel('키(cm)')
plt.ylabel('몸무게(kg)')
plt.legend(['남자','여자'])
plt.show()
```

(결과)

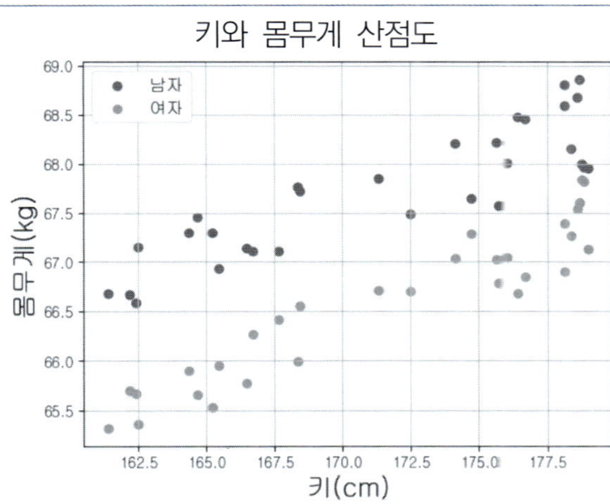

[코드 4]에서 "plt.grid()"는 xy좌표평면에 격자선을 활성화 시켜주는 명령어이다. 나머지 명령어는 이전 그래프에서 설명하여 생략한다.

실습 3-52 산점도에서 점 크기를 조절하자.

코드 1
```
import numpy as np
import matplotlib.pyplot as plt
```

코드 2
```
price = np.array([10,15,20,30])          # x축 데이터
sale  = np.array([5,10,20,30])           # y축 데이터
point_size = np.array([10,30,50,70])     # 각 점의 크기
```

코드 3
```
plt.subplot(1,3,1), plt.scatter(x = price, y = sale)
plt.subplot(1,3,2), plt.scatter(x = price, y = sale, s=20)
plt.subplot(1,3,3), plt.scatter(x = price, y = sale, s=point_size)
plt.show()
```

(결과)

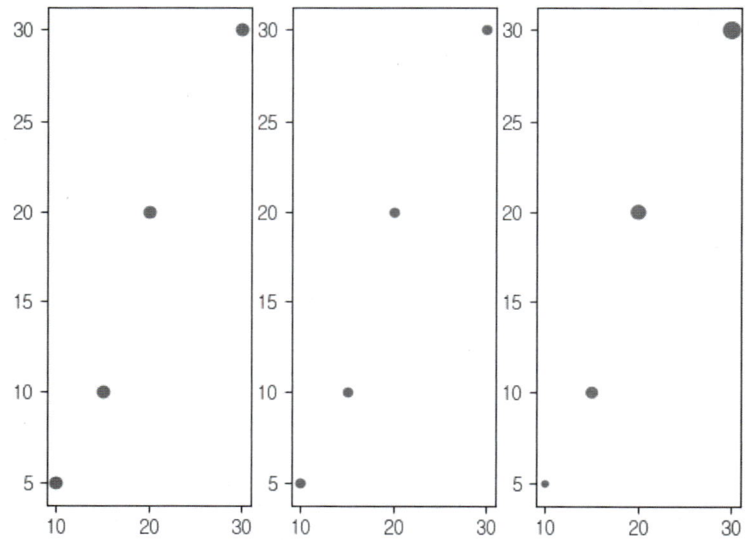

[코드 2]에서 변수명 point_size는 산점도에 표시될 각 점의 크기이다. [코드 3]은 명령어 “plt.subplot(행의 수, 열의 수, 위치)”를 적용하여 세 가지 산점도를 한 페이지에 1행 3열의 형태로 왼쪽부터 오른쪽 순서로 산점도가 그려진다. 왼쪽 산점도는 점의 크기가 디폴트로 주어졌고, 가운데 산점도는 모든 점의 크기가 20으로 설정되었다. 그리고 오른쪽 산점도는 변수명 point_size에 설정된 크기가 순차적으로 각 점에 적용되었다. 즉, (x,y)=(10,5)는 점 크기가 10으로 제일 작고 마지막 점 (30,30)은 70으로 점 크기가 제일 크게 적용되었다.

막대그림

범주형 데이터에 적용되는 그래프로 가로 또는 서로 막대로 구성되어 있다. 명령어는 "plt.bar(범주, 빈도)"이다.

실습 3-53 세로 막대그림을 생성하라.

코드 1

```
import pandas as pd
import numpy as np
import matplotlib.pyplot as plt
```

코드 2

```
catagories = ['A','B','C','D']         # 범주
count       = np.random.randint(10,100,size=4) # 해당 범주의 빈도
print(count)
```

(결과) [46 20 57 58]

코드 3

```
plt.bar(catagories,count)
plt.show()
```

(결과)

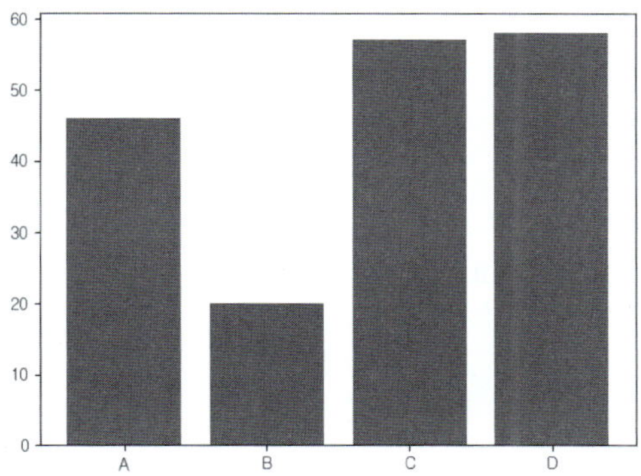

[코드 2]는 변수명 catagories에 범주가 설정되어 있고 변수명 count에는 해당 범주의 빈도가 설정되어 있다. 또한 "np.random.randint(10,100, size=4)"는 10부터 100까지 양의 정수 4개를 무작위로 생성하는 명령어다. [코드 3]에서 "plt.bar(범주 리스트, 빈도 리스트)" 또는 plt.bar(범주 1차 배열, 빈도 1차 배열)"로 설정되어 가로 막대그림(x축은 범주, y축은 빈도)이 생성되는 코드이다. 참고로 명령어 "plt.barh()"는 가로 막대를 생성한다.

실습 3-54 한 개 범주에 여러 빈도가 있는 막대그림을 생성하라.

코드 1
```
import pandas as pd
import numpy as np
import matplotlib.pyplot as plt
```

코드 2
```
year    = np.arange(2021,2024)  # 범주
company = ['A','B','C','D']             # 범주
cost    = np.random.randint(10,100,size=(3,4)) # 모든 범주에 해당하는 빈도
print(cost)
```

(결과)
```
[[88 60 89 81]
 [76 66 58 80]
 [36 19 73 70]]
```

코드 3
```
df = pd.DataFrame(cost,index=year,columns=company)
print(df)
```

(결과)
```
      A   B   C   D
2021  88  60  89  81
2022  76  66  58  80
2023  36  19  73  70
```

코드 4
```
w = 0.1
plt.bar(year-3*w,df['A'],width=0.2)
plt.bar(year-  w,df['B'],width=0.2)
plt.bar(year+  w,df['C'],width=0.2)
plt.bar(year+3*w,df['D'],width=0.2)
plt.legend(df.columns,loc='upper right',fontsize=7)
plt.title('Bar Chart')
plt.xticks(year,df.index)
plt.show()
```

(결과)

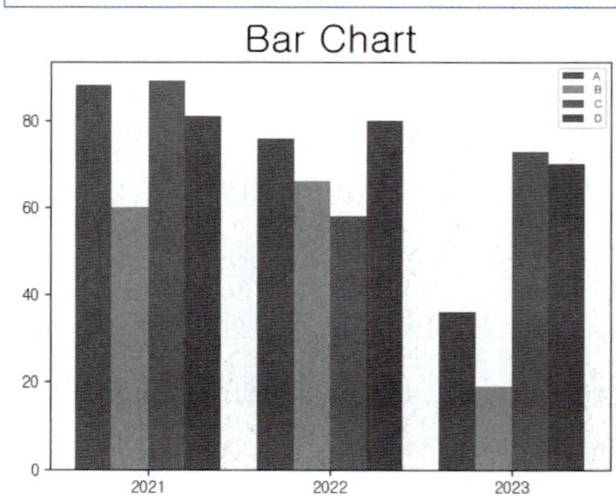

[코드 2]에서 변수 year(3행)와 company(4열)는 범주이고 변수 cost는 두 범주에 해당하는 12개 값(결과)이다. [코드 3]은 이들 변수들을 데이터 프레임으로 변환한 코드로 결과에 행과 열에 year 범주명과 company 범주명에 해당되는 값으로 표시된다. [코드 4]에서 연도별 4개 회사의 cost를 막대그림을 구현한 코드이다. 여기서 주의해야 할 것은 막대의 폭과 연도별 간격이다. 이들 간격은 독자께서 여러 값을 설정하여 조절해야 한다.

[코드 4]의 명령어를 줄별로 설명하면, 'plt.bar(*,*,width=0.2)'에서 width=0.2는 막대의 폭으로 각 연도별 4개 막대의 폭은 총 0.8이다. 변수명 w=0.1은 4개 회사의 막대가 각 연도별로 그려지는 위치 설정에 필요한 값이다. 예를 들면, 막대 폭이 0.2(총 막대 폭은 0.8)이고 x축 값 '2022'를 중심으로 오른쪽과 왼쪽의 막대를 두 개씩 배치하자. 오른쪽 두 개 막대의 위치는 '2022-3*w' 및 '2022-w'이고 왼쪽 두 개 막대의 위치는 '2022+*w' 및 '2022-3*w'이다.

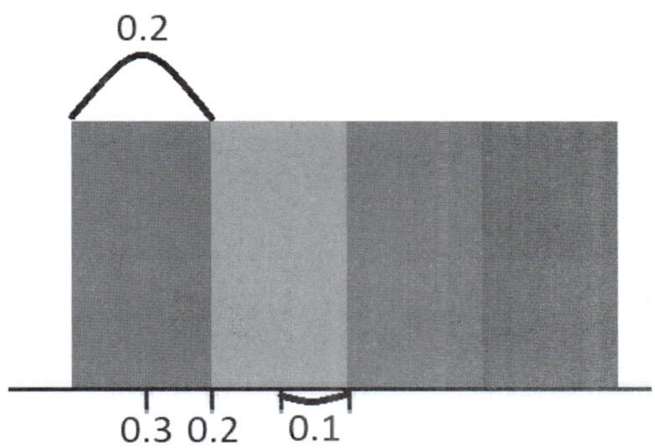

제일 왼쪽 막대는 0.3을 중심으로 막대 폭이 0.2인 막대그림이 그려진다.

누적막대그림

범주형 데이터에 적용되는 그래프로 가로 또는 세로 누적막대로 구성되어 있다. 명령어는 "plt.bar(데이터 프레임 범주, 빈도)"을 수행하고 "plt.bar(데이터 프레임 범주, 빈도, bottom=빈도)"을 반복하여 구현한다.

실습 3-55 누적막대그림을 생성하라.

코드 1

```
import pandas as pd
import numpy as np
import matplotlib.pyplot as plt
```

코드 2

```
year    = np.arange(2021,2024)  # 범주
iterms  = ['A','B','C']         # 범주
cost    = np.random.randint(10,100,size=(3,3))
df = pd.DataFrame(cost,index=iterms,columns=year)
print(df)
```

(결과)

```
   2021  2022  2023
A    45    69    86
B    35    79    34
C    81    99    15
```

코드 3

```
plt.bar(df.columns,df.loc['A'], color='r')
plt.bar(df.columns,df.loc['B'], bottom=df.loc['A'],color='b')
plt.bar(df.columns,df.loc['C'], bottom=df.loc['A']+df.loc['B'],color='y')
plt.legend(df.index,ncol=3,fontsize=8)
plt.xticks(ticks=year, rotation=45)
```

(결과)

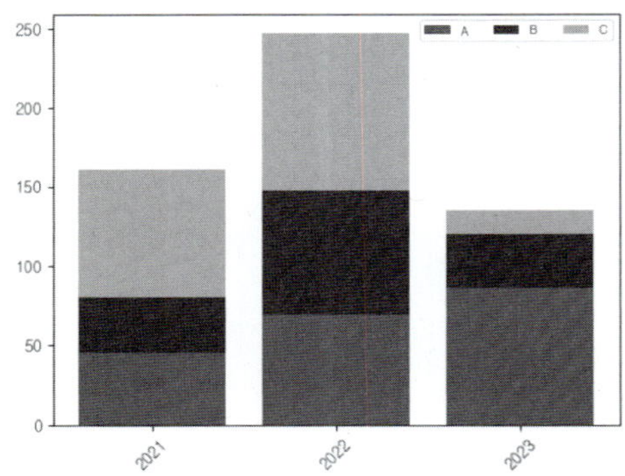

[코드 2]에서 행은 "items", 열은 "year" 그리고 값은 "cost"인 데이터 프레임 df를 생성한다. [코드 3]은 각 연도별로 항목을 누적한 막대그림을 구현한 코드이다. 누적막대그림은 항목 "A", "B" 그리고 "C" 순서로 쌓아 올린다. 명령어 "plt.bar(df.columns,df.loc['A'], color='r')"은 x축이 연도이고 y축이 항목 "A"의 빈도에 해당되는 막대그림을 그려준다. 명령어 "plt.bar(df.columns,df.loc['B'], bottom=df.loc['A'], color='b')"는 옵션 "bottom=df.loc['A']"을 적용하여 항목 "A" 빈도 위에 항목 "B" 빈도 막대그림을 그려준다. 이러한 작업을 반복적으로 적용하면 항목에 해당되는 빈도가 누적으로 쌓이는 막대그림이 그려진다. 명령어 "plt.bar(df.columns,df.loc['C'], bottom=df.loc['A']+df.loc['B'],color='y')"에서 "bottom=df.loc['A']+df.loc['B']"은 항목 "A"와 "B"가 순차적으로 쌓이는 옵션이다. 그리고 옵션 "color"에서 막대마다 다른 색상으로 설정해야 누적막대그림이 구별된다.

3.3.3 기타 그래픽 라이브러리 소개

Matplotlib

- Matplotlib은 선, 산점도, 막대그림, 누적막대그림, 스택 그림, 3D 플롯, 벡터 필드, 이미지 플롯, 로그 플롯, 히스토그램, 원그림, 상자그림 그리고 밀도그림이 제공된다.
- Matplotlib은 기본적으로 모든 유형의 시각적 표현을 제공하는 라이브러리이지만, 문법이 다소 복잡하여 코드가 길어질 수 있다.

Seaborn

- Matplotlib을 기반으로 한 고급화된 시각적 라이브러리로, 데이터 분석에 도움을 주는 시각화 표현인 분포 시각화, 선형 관계 시각화, 범주형 데이터 시각화 등이 제공된다.
- 데이터 프레임과 같은 구조화된 데이터를 기반으로 데이터 분석에 도움이 되는 고급화된 그래프를 생성할 수 있다.

Plotly

- 줌, 팬, 툴팁 등이 기본적으로 제공되는 대화형 그래프를 생성할 수 있는 강력한 라이브러리이다.
- Pandas, NumPy, SQL 등과 통합 가능하고, 그래프가 웹에서 HTML로 렌더링되므로 공유와 배포가 용이하여 프로젝트에 적합하다.

실습 3-56 Seaborn을 이용하여 히스토그램을 그려라.

코드 1

```
import numpy as np
import seaborn as sns
```

코드 2

```
data = np.random.normal(170, 5, 100)
```

코드 3

```
sns.histplot(data)
```

(결과)

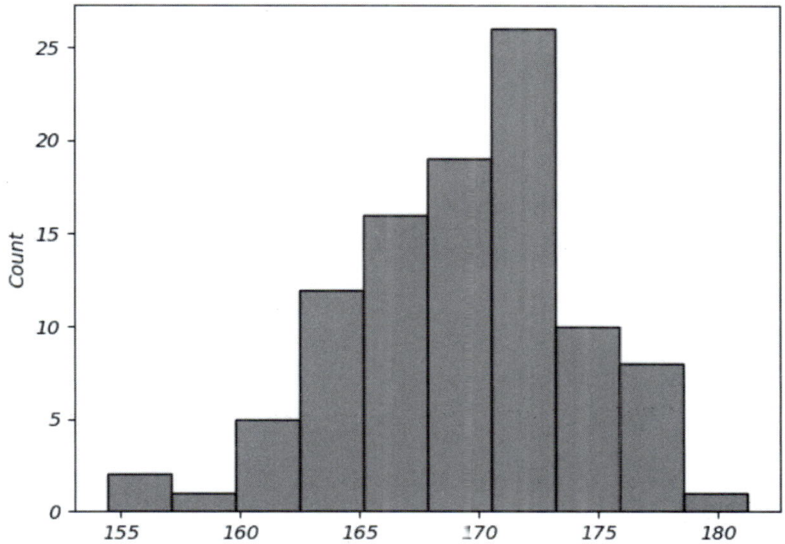

[코드 1]에서 seaborn을 불러온다. [코드 2]에서는 정규분포의 평균 170, 표준편차 5 그리고 100개의 데이터를 생성한다(정규분포 데이터 난수 명령어 "np.random.normal(평균,표준편차,크기)"). [코드 3]은 히스토그램을 그려주는 Seaborn 라이브러리 명령어 sns.histplot(data)이다.

실습 3-57 Plotly을 이용하여 히스토그램을 그려라.

코드 1
```
import numpy as np
import pandas as pd
import plotly.express as px
```

코드 2
```
df = pd.DataFrame(np.random.normal(170, 5, 100))
```

코드 3
```
px.histogram(df)
```

(결과)

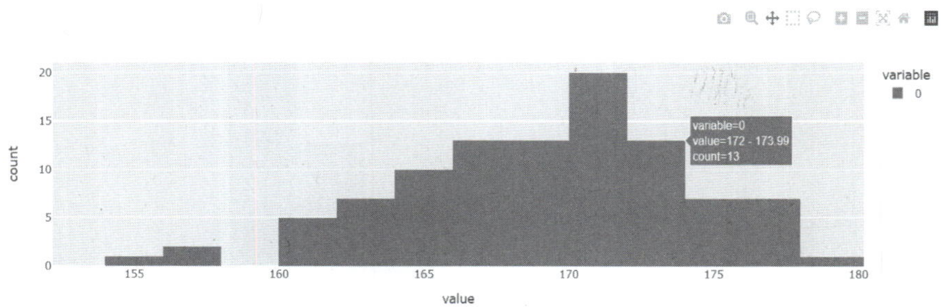

[코드 2]에서는 정규분포의 평균 170, 표준편차 5 그리고 100개의 데이터를 데이터 프레임으로 변환한 코드이다. [코드 3]은 히스토그램을 그려주는 Plotly 라이브러리 명령어 px.histogram(df)이고, (결과)로부터 화면에 마우스를 위치하면 줌, 팬, 툴팁 등을 이용할 수 있다.

제4장

파이썬으로 기초 데이터 분석

4.1 데이터 이해

데이터의 이해 길잡이

데이터란 무엇인가?

- 데이터 분석을 시작하기 전에 데이터가 무엇인지 정확히 이해하는 것이 중요하다.
- 대부분 사람이 데이터를 숫자라고 생각하는 경우가 많다.
- 데이터 분석 관점에서의 데이터는 정보의 원천이다.
- 데이터의 종류는 크게 질적 데이터와 양적 데이터로 구분한다.

4.1.1 데이터의 정의

데이터의 정의

- 데이터 분석 관점에서 데이터는 정보의 원천이며, 수집된 측정값(measurement) 또는 관찰값(observation)이다.
- 데이터는 숫자, 문자, 기호, 이미지, 음성 등 매우 다양한 형태로 존재할 수 있다.

(예시) 성별, 나이, 날씨, 노래 장르, 상표 이미지 등

데이터 관련 용어

- 데이터 단위(Data unit): 관찰값 또는 측정값이 수집되는 개별 대상이다.
- 데이터 항목(Data item): 데이터 단위의 특성이다.
- 관찰값(Observation): 데이터 항목에 대한 수치 또는 형태이다.
- 데이터셋(Dataset): 수집된 관찰값들을 모아놓은 형태이다.

(예시) 아래 표는 사람을 대상으로 수집된 관찰값의 모임인 데이터셋이다.

		성별	나이(year)	키(cm)	데이터 항목
데이터 단위	사람 1	남자	22	175	데이터 관찰값
	사람 2	여자	26	169	
	사람 3	여자	22	189	
	사람 4	남자	27	193	

4.1.2 데이터의 종류

데이터의 종류

- 데이터 분석 관점에서의 데이터 종류는 크게 질적 데이터와 양적 데이터로 구분한다.

질적 데이터

- (의미) 숫자로 직접 표현되지 않으며, 대상의 특성, 범주, 속성 등을 나타낸다.
- (예시) 성별(남성, 여성), 의견(찬성, 반대, 기권), 만족도(매우 불만족, 불만족, 보통, 만족, 매우 만족) 등이 있다.
- (세부 종류)
  - 명목형 데이터: 순서나 우열이 없이 구분되는 (범주형) 데이터이다. (예: 혈액형, 국적 등)
  - 순서형 데이터: 순서나 등급으로 구분되는 (범주형) 데이터이다. (예: 학점 A, B, C, D, F; 의복 사이즈 S, M, L, XL 등)

양적 데이터

- (의미) 수치로 표현되며, 측정이나 계산이 가능한 데이터이다.
- (예시) 연간 출생아 수, 온도, 키, 운행 거리, 판매량 등이 있다.
- (세부 종류)
  - 이산형 데이터: 셀 수 있는 관찰값(정수)을 가지며, 관찰값이 무한한 값을 가질 수 없는 데이터이다. (예: 학생 수, 자동차 대수 등)
  - 연속형 데이터: 관찰값이 특정 범위 내에서 실수인 데이터이다. (예: 시간, 무게, 온도 등)

양적 데이터		질적 데이터	
수치로 측정된 데이터		수치로 표현되지 않은 데이터	
이산형	연속형	명목형	순서형
정수로 표현되는 값 ex) 종사자 수, 스마트폰 가격, 출생아 수 등	실수로 표현되는 값 ex) 몸무게, 길이, 시간 등	순서로 표현되지 않은 이름 ex) 성별, MBTI, 노래 장르 등	순서로 표현되는 이름 ex) 만족도, 학력, 군대 계급 등

4.2 파일 불러오기

파일 불러오기 길잡이

데이터 기본 저장 파일 종류

- 텍스트 파일: 서식이나 스타일이 없는, 순수한 일반 텍스트로만 이루어진 파일이다. 가장 기본적인 형태이며, 다양한 프로그램에서 쉽게 읽고 쓸 수 있어 범용성이 높다. .txt 확장자를 가진다.
- CSV 파일: 쉼표, 스페이스, 탭 등 특정 구분자(delimiter)를 사용하여 데이터를 구분한 텍스트 파일의 일종이다. .csv 확장자를 가진다.
- Excel 파일: 스프레드시트 프로그램인 Microsoft Excel에서 사용되는 파일 형식이다. 행과 열이 만나는 셀에 데이터가 저장되며, 여러 셀이 모여 “표(시트)”를 형성한다. 서식 지정, 계산 기능 등 다양한 기능을 제공하며, 구조화된 데이터를 저장하고 분석하는 데 널리 활용된다. 주로 .xlsx 또는 .xls 확장자를 가진다.

4.2.1 텍스트 파일 다루기

텍스트 파일 생성하기

텍스트 파일은 가장 기본적인 형태의 데이터 파일이며, 텍스트 편집기를 이용해 쉽게 만들 수 있다.

- 텍스트 편집기란?
  텍스트 편집기는 텍스트를 생성, 편집, 관리 등이 제공되는 소프트웨어 또는 애플리케이션이다.
- 텍스트 편집기의 일반적인 기능
  텍스트 입력 및 편집, 저장 및 불러오기 그리고 그리고 코드를 작성할 때 특정 문법을 색깔 등으로 강조해 주는 문법 강조 등이 있다.
- 텍스트 편집기의 종류
  윈도우의 메모장(Notepad), Mac의 텍스트 에디트(TextEdit) 같은 기본 편집기부터 개발자들이 많이 사용하는 코드 편집기(Code Editor)(예: Visual Studio Code, Sublime Text)까지 다양하다.
- 메모장을 이용하여 텍스트 파일을 생성
  - 윈도우에서 메모장을 실행하자.
  - 데이터셋 또는 문장 등을 입력하자.
  - 파일명 및 확장자(.txt 또는 .dat)를 작성하여 저장한다.

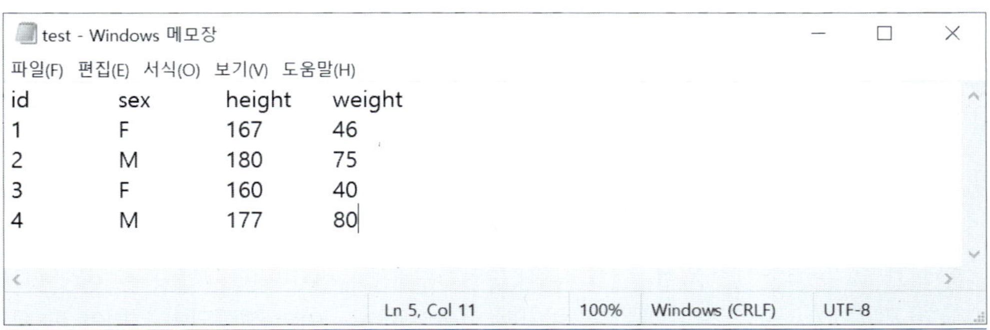

〈그림〉 메모장 프로그램으로 데이터셋을 입력

실습 4-1 메모장에 test.txt를 생성(데이터 구분은 탭(\t)을 사용)하고 그 파일 불러오자.

```
test - Windows 메모장
파일(F) 편집(E) 서식(O) 보기(V) 도움말(H)
id	sex	height	weight
1	F	167	46
2	M	180	75
3	F	160	40
4	M	177	80
Ln 5, Col 11    100%    Windows (CRLF)    UTF-8
```

코드 1

```
import os                # 운영체제 라이브러리 불러오기
import pandas as pd      # 판다스 라이브러리 불러오기
```

코드 2

```
# 작업환경 설정
os.getcwd()    # 현재 폴더 확인
os.listdir()   # 현재 폴더에 있는 파일 확인
```

(결과)

```
'C:\\Users\\cgpar\\Example'
['.ipynb_checkpoints', 'ex1.ipynb', 'test.txt']
```

코드 3

```
data = pd.read_csv('test.txt')   # test.txt 파일 불러오기
data.head()
```

(결과)

```
     id\tsex\theight\tweight
0    1\tF\t167\t46
1    2\tM\t180\t75
2    3\tF\t160\t40
3    4\tM\t177\t80
```

메모장에 id, sex, height 그리고 weight를 탭(Tab)으로 구분하여 데이터를 입력한다.

[코드 1]에서 "import os"는 운영체제의 명령어를 사용하는데 필요한 라이브러리이다.

[코드 2]에서 "os.getcwd()"는 현재 작업 폴더의 위치를 알려주고, "os.listdir()"은 현재 작업 폴더에 있는 파일들을 알려준다. 만약 "test.txt" 파일이 없다면 "os.chdir(폴더 위치)"로 변경해야 한다. 예를 들어, 드라이브 C에 있는 temp 폴더로 변경하려면 "os.chdir("c:/temp")"를 수행한다. 여기서 temp 폴더는 이미 생성되어 있어야 한다.

[코드 3]에서 "test.txt" 파일을 불러오는 명령어는 "pd.read_csv(파일명)"이다. 즉 "data = pd.read_csv('test.txt')"를 수행하고, "data.head()"를 수행하면 일부 데이터가 [결과]와 같이 출력되지만 메모장의 입력 형태와 다른 모양이다. 여기서 변수명 data에는 메모장의 입력 형태로 저장되어 있고, 다만 출력 형태만 다를 뿐이다. 즉, 메모장에서 데이터의 구분이 탭(\t)으로 설정되어서 "data.head()"의 출력에서만 탭이 보일 뿐이다.

실습 4-2 탭(\t)으로 구분된 test.txt 파일을 불러오고, 특정 위치의 데이터를 수정하자.

코드 1

```
data1 = pd.read_csv('test.txt', sep = "\t")
data1.head()
```

(결과)

	id	sex	height	weight
0	1	F	167	46
1	2	M	180	75
2	3	F	160	40
3	4	M	177	80

코드 2

```
data1.iloc[0,1]="M"    # 특정 값 수정
data1.head()
```

(결과)

	id	sex	height	weight
0	1	M	167	46
1	2	M	180	75
2	3	F	160	40
3	4	M	177	80

[코드 1]에서 텍스트("test.txt") 파일의 데이터가 탭으로 구분되어 있으면 명령어 "pd.read_csv('test.txt', sep = "\t")"를 사용한다. 여기서 옵션 "sep="\t""은 데이터 구분을 탭으로 사용한 텍스트 파일을 불러오는 데 사용되고, 만약 데이터 구분이 콤마 ","이면 "sep=",""가 사용된다. [코드 2]는 변수명 "data1"에 저장되어 있는 데이터 중 특정 위치의 데이터를 수정한 코드이다. 예를 들면, 첫 번째 행과 두 번째 열 위치에 있는 데이터(행 인덱스 0과 열 인덱스 sex) "F"를 "M"으로 수정하려면 명령어 "data1.iloc[0,1]="M""을 수행하면 된다.

실습 4-3 (실습 4-2)의 데이터셋을 텍스트 파일로 저장하자.

코드 1

```
data1.iloc[0,1]="M"    # 특정 값 수정
data1.head()
```

(결과)

	id	sex	height	weight
0	1	M	167	46
1	2	M	180	75
2	3	F	160	40
3	4	M	177	80

코드 2

```
data1.to_csv("test_수정1.txt")
```

"test_수정1.txt" (저장 형태)

```
,id,sex,height,weight
0,1,M,167,46
1,2,M,180,75
2,3,F,160,40
3,4,M,177,80
```

코드 3

```
data1.to_csv('test_수정2.txt', sep="\t", incex=False)
```

"test_수정2.txt" (저장 형태)

id	sex	height	weight
1	F	167	46
2	M	180	75
3	F	160	40
4	M	177	80

[코드 2]에서 텍스트 저장 명령어 "data1.to_csv("test_수정1.txt")"는 기본 형태이고, 저장 형태는 구분자(sep)로 콤마가 사용되어 행과 열의 인덱스가 포함된다. [코드 3]에서 구분자를 탭으로 변경하고 행 인덱스를 삭제하려면 옵션 "sep=\t"과 "index=False"를 사용한다. 만약 열 인덱스도 삭제하려면 옵션 "header=False"로 설정한다.

4.2.2 CSV 파일 다루기

CSV 파일이란?

- CSV(Comma-Separated Values)는 기본적으로 쉼표(,)로 구분한 텍스트 파일이다.
- 탭(TSV, Tab-Separated Values) 또는 반각 스페이스(SSV, Space-Separated Values)로 구분한 텍스트 파일도 있다.
- 이들 모두를 CSV(Character-separated values)라고 부른다.

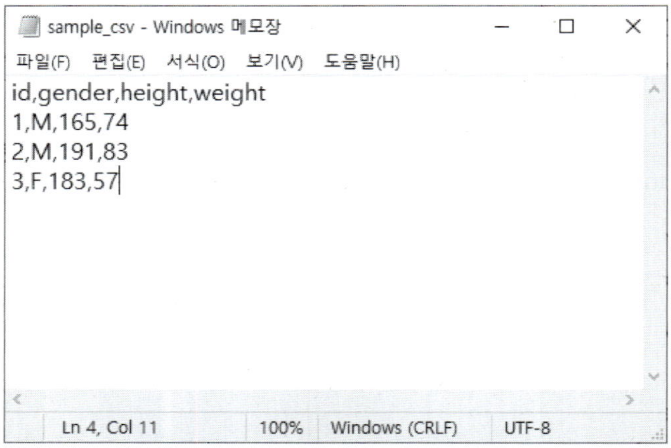

〈그림〉 메모장에서 sample_csv.csv로 저장된 텍스트 파일

CSV 파일 생성하기

- CSV 편집기

  CSV 편집기는 CSV 파일을 생성, 편집, 관리 등이 제공되는 소프트웨어 또는 애플리케이션이다.

- CSV 편집기의 종류

  메모장, 텍스트 에디터, 스프레드시트(Excel, 구글 스프레드시트) 등이 있다.

- Excel을 이용하여 텍스트 파일을 생성
  - 윈도우에서 Excel을 실행하자.
  - 데이터셋 또는 문장 등을 입력하자.
  - 파일명 및 확장자(.csv)를 작성하여 저장한다.

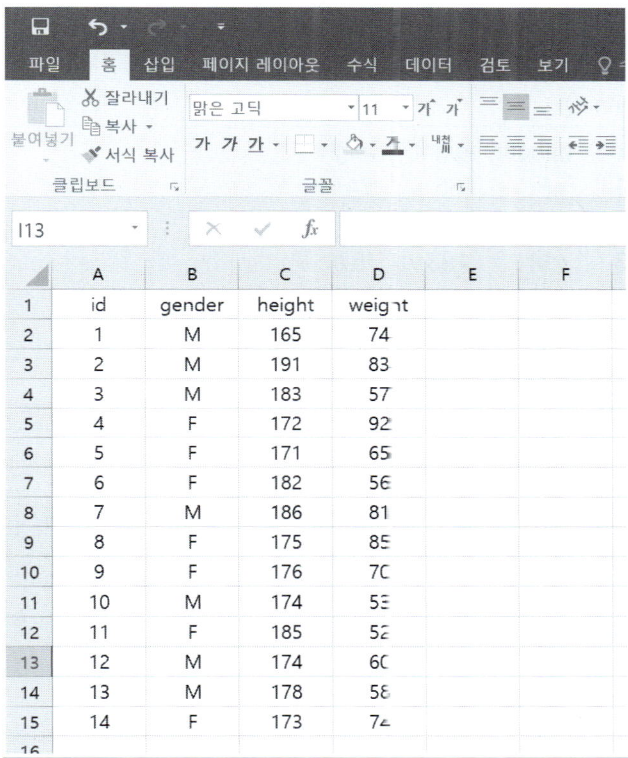

〈그림〉 Excel에서 sample_csv.csv로 저장된 텍스트 파일

실습 4-4 sample_csv.csv 파일을 불러오고, 특정 항목을 변경한 후 csv 파일로 저장하자.

코드 1
```
import os             # 운영체제 라이브러리 불러오기
import pandas as pd   # 판다스 라이브러리 불러오기
```

코드 2
```
# 작업환경 설정
os.getcwd()    # 현재 폴더 확인
os.listdir()   # 현재 폴더에 있는 파일 확인
```

(결과)
```
'C:\\Users\\cgpar\\Example'
['sample_csv.CSV']
```

코드 3
```
data1 = pd.read_csv('sample_csv.csv') # sample_csv.csv 파일 불러오기
data1.head()
```

(결과)
```
   id  gender  height  weight
0   1      M     165      74
1   2      M     191      83
2   3      M     183      57
3   4      F     172      92
4   5      F     171      65
```

코드 4
```
data1.iloc[0,1] = "F"
data1.head()
```

(결과)
```
   id  gender  height  weight
0   1      F     165      74
1   2      M     191      83
2   3      M     183      57
3   4      F     172      92
4   5      F     171      65
```

코드 5
```
data1.to_csv("sample_csv_수정1.csv")
```

코드 6
```
data1.to_csv("sample_csv_수정2.csv",index=False)
```

[코드 1]부터 [코드 4]는 텍스트 파일에서 다룬 코드와 동일하고, [코드 5]와 [코드 6]에서 csv 파일로 저장할 때 명령어 "데이터 프레임명.to_csv"에 파일명과 확장자(.csv)를 작성하여 저장한다. 인덱스 옵션은 텍스트 파일 저장에서 사용한 방법과 동일하다.

4.2.3 Excel 파일 다루기

Excel 파일이란?

- Excel은 Microsoft사에서 개발한 스프레드시트 소프트웨어이다.
- 스프레드시트는 행과 열이 교차하는 셀들로 구성되어 있다. 이 개별 셀들이 모여 하나의 시트(Sheet)를 형성하고, 여러 시트가 모여 하나의 통합 문서(Workbook)를 이룹니다.
- 각 셀에는 숫자, 텍스트(문장), 수식 등 다양한 형태의 데이터 또는 정보가 입력될 수 있다. 이렇게 입력된 데이터는 보통 .xlsx 또는 .xls 확장자를 가진 Excel 파일로 저장된다.

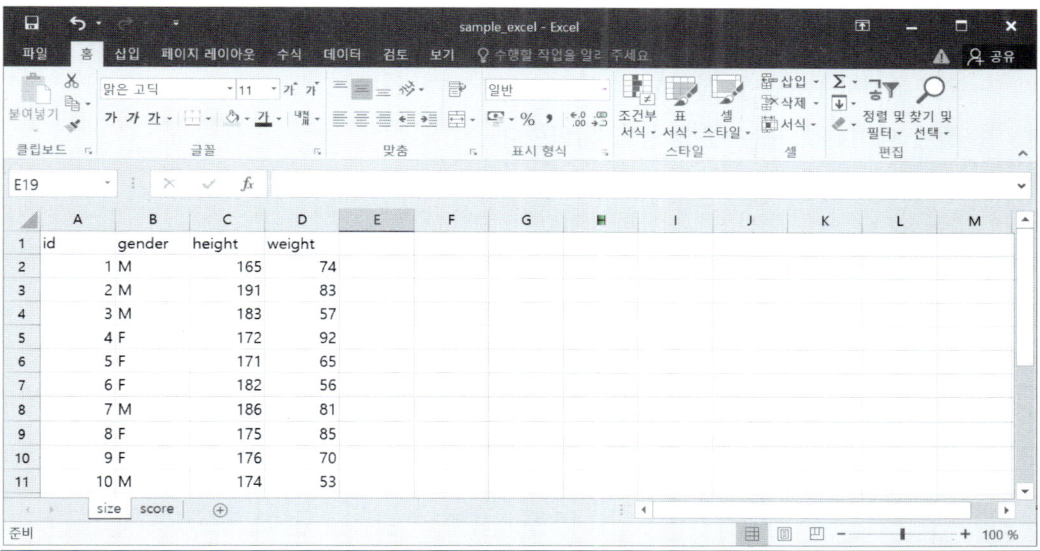

〈그림〉 sample_excel.xlsx로 저장된 Excel 파일

Excel 파일 생성하기

- Excel 소프트웨어란?
  - Excel은 Microsoft사에서 개발한 스프레드시트 소프트웨어이다.
  - 셀 기반의 격자 형태: 데이터를 행과 열로 이루어진 셀 기반의 격자 형태로 조직하고, 이를 통해 데이터를 손쉽게 정렬하거나 변경할 수 있다.
  - 계산 기능: 복잡한 수식과 함수를 활용하여 데이터를 계산하고 분석하는 강력한 기능을 제공한다.
  - 다양한 운영체제 지원: Windows 및 macOS 운영체제에서 모두 실행할 수 있어 범용성이 높다.

- Excel을 이용하여 텍스트 파일을 생성
  - 윈도우에서 Excel을 실행한다.
  - 셀에 데이터셋 또는 문장 등을 입력한다.
  - 파일명 및 확장자(.xlsx 또는 .xls)를 작성하여 저장한다.

실습 4-5 sample_excel.xlsx 파일을 불러오고, 특정 항목을 변경한 후 Excel 파일로 저장하자.

코드 1

```
import os                # 운영체제 라이브러리 불러오기
import pandas as pd  # 판다스 라이브러리 불러오기
```

코드 2

```
# 작업환경 설정
os.getcwd()   # 현재 폴더 확인
os.listdir()    # 현재 폴더에 있는 파일 확인
```

(결과)

```
'C:\\Users\\cgpar\\Example'
['sample_excel.xlsx']
```

코드 3

```
data2 = pd.read_excel('sample_excel.xlsx')
data2.head()
```

(결과)

	id	gender	height	weight
0	1	M	165	74
1	2	M	191	83
2	3	M	183	57
3	4	F	172	92
4	5	F	171	65

코드 4

```
data2.iloc[0,1] = "F"
data2.head()
```

(결과)

	id	gender	height	weight
0	1	F	165	74
1	2	M	191	83
2	3	M	183	57
3	4	F	172	92
4	5	F	171	65

코드 5

```
data1.to_excel('sample_excel_수정.xlsx', sheet_name='size_수정', index=False)
```

[코드 1]부터 [코드 4]는 텍스트 또는 CSV 파일에서 다룬 코드와 동일하고, [코드 3]은 Excel 파일을 불러오는 명령어 pd.read_excel(Excel 파일명)이다. [코드 5]에서 Excel 파일로 저장할 때 명령어 "데이터 프레임명.to_excel"에 파일명과 확장자(.xlsx)를 작성하여 저장한다. 또한 시트명을 "sheet_name=시트명"으로 만들 수 있고, 인덱스 옵션은 텍스트 파일 저장에서 사용한 방법과 동일하다.

4.3 데이터 시각화

데이터 시각화 길잡이

왜 데이터 시각화가 필요한가?

- 복잡한 데이터의 이해: 데이터가 크고 복잡할수록 데이터의 전반적인 형태, 관계, 추세 등을 파악하는데 매우 어렵다.
- 숨겨진 정보 도출: 시각화는 데이터 속에 숨겨진 패턴, 이상치, 인사이트 등을 발견하는 데 매우 효과적이다.
- 분석 방향 설정: 데이터를 시각화하면 데이터의 구조를 한눈에 파악하고 어떤 분석 방법을 적용할지, 어떤 가설을 세울지 등 분석 방향을 효과적으로 설정할 수 있다. 예를 들어, 전국에 퍼져있는 수많은 커피 매장의 연간 매출 데이터를 표로만 본다면 어떨까요? 수십, 수백 개의 숫자와 매장 이름이 나열된 표는 마치 빽빽한 숫자와 문자 나열과 같다. 하지만 이 데이터를 매장의 이름을 가로축에, 연간 매출액을 세로축에 두어 막대그림으로 나타내면, 그 길이만으로 매출 규모를 직관적으로 비교할 수 있다.

데이터 종류와 데이터의 시각화의 관계

- 데이터를 효과적으로 시각화하려면, 어떤 종류의 데이터를 다루고 있는지 이해하는 것이 매우 중요하다. 데이터의 종류에 따라 적합한 시각화 방법이 다르기 때문이다. 기본적인 시각화 방법으로는 막대 그래프, 원 그래프, 히스토그램, 산점도 등이 있는데, 이들은 모두 특정 데이터 종류에 최적화되어 있다.
- 이들 시각화 방법은 데이터 종류와 관련이 있다. 예를 들면, 질적 데이터를 시각화하는데 히스토그램으로 표현은 적절하지 않다. 막대그림 또는 원그림이 적합하다.

참고 디지털조선일보 인포그래픽스
http://thestoryplus.com/site/data/html_dir/2017/08/25/2017082502444.html

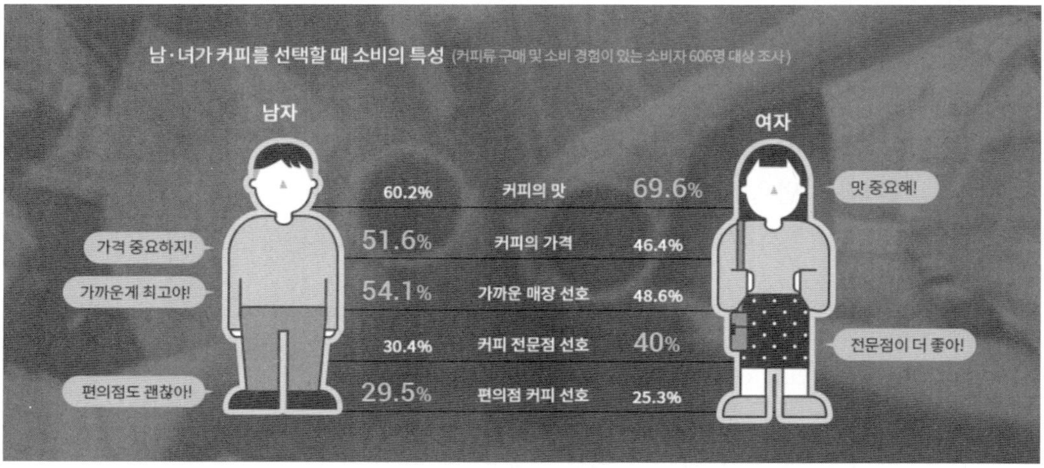

4.3.1 막대그림

막대그림이 무엇인가?

- (데이터 종류) 질적 데이터에 적합한 시각적 표현이다. 질적 데이터의 항목(범주)과 빈도를 시각적으로 표현한다. 또는 시간(구간)별 빈도(값)에도 적용된다.
- (시각적 표현) 범주별 빈도를 막대 형태로 표현한다. 한쪽 축(주로 가로축)은 데이터의 범주(항목)와 다른 쪽 축(주로 세로축)은 각 범주의 빈도, 합계, 평균 등 측정된 값으로 표현된다.
- (예시) 커피 종류별 판매량과 연도별 쌀 소비량 등이 막대그림으로 표현할 수 있다. 특히 시간은 연속적인 흐름보다는 각각의 독립된 '구간(범주)'으로 취급된다.

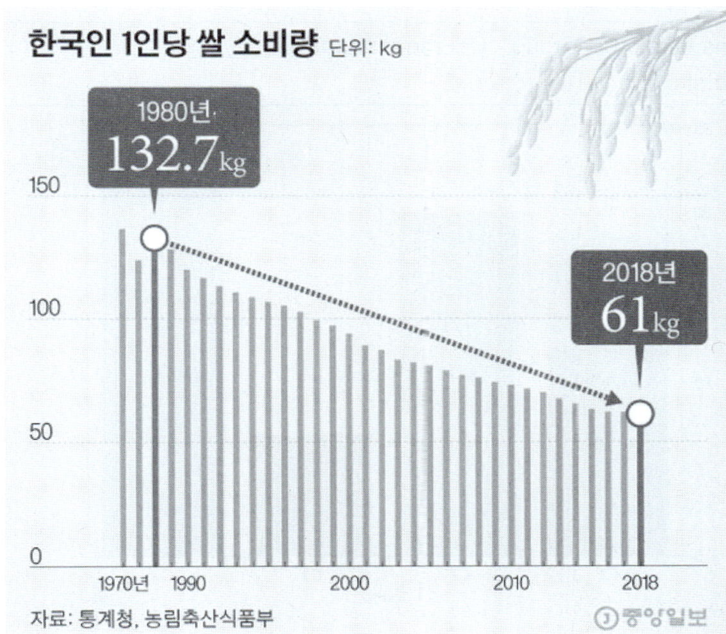

실습 4-6 질적 데이터를 생성하고 막대그림을 그려라.

코드 1

```
import os
import pandas as pd
import matplotlib.pyplot as plt
import seaborn as sns
```

코드 2

```
group = ['C1','C2','C3','C4']  # 범주(항목) 생성하기
freq  = [12,20,7,24]           # 빈도 생성하기
df = pd.DataFrame({'Group':group, 'Freq':freq})  # 데이터 프레임 생성하기
df.head()
```

(결과)

	Group	Freq
0	C1	12
1	C2	20
2	C3	7
3	C4	24

코드 3

```
sns.barplot(x='Group', y='Freq', data=df)
plt.show()
```

(결과)

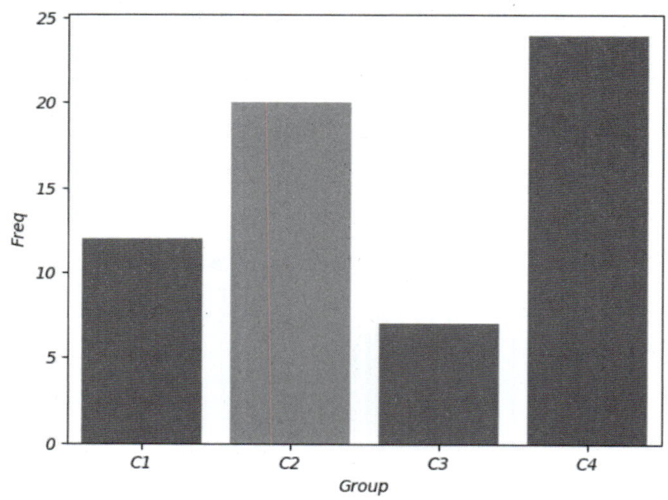

[코드 1]에서 다양한 시각화를 제공하는 seaborn 라이브러리를 불러온다. [코드 2]에서 범주(group)와 빈도(freq) 데이터를 생성하고, 이들 데이터를 데이터 프레임(df)으로 변환한다. [코드 3]은 막대그림을 구현하는 명령어 sns.barplot(x=x축 데이터 프레임 항목명, y=y축 데이터 프레임 항목명, data=데이터 프레임명)이다.

실습 4-7 (실습 4-6)의 막대그림에 축 라벨과 제목을 표시하라.

코드 1

```
sns.barplot(x='Group', y='Freq', data=df)
plt.xlabel('x label')
plt.ylabel('y label')
plt.title('Title')
plt.show()
```

(결과)

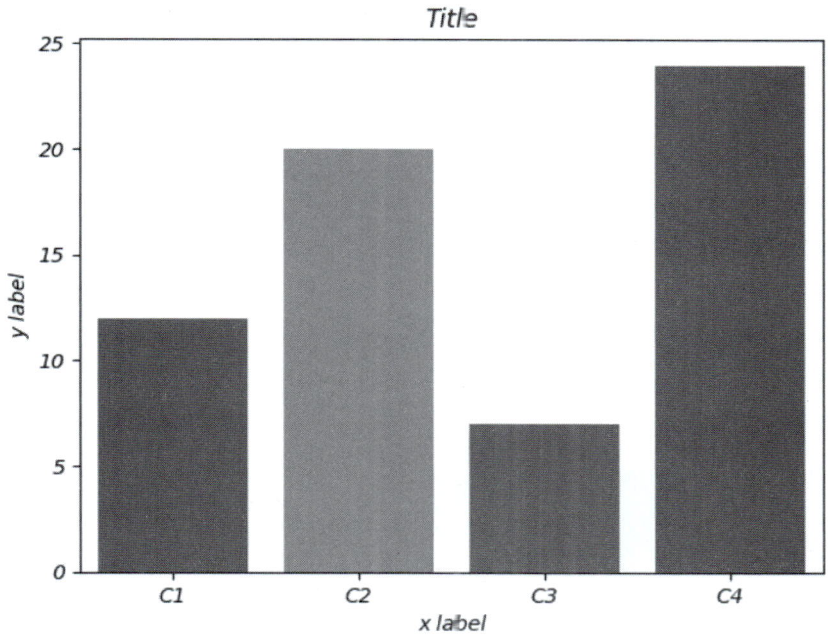

[코드 1]에서 축 라벨과 제목을 표시하는 방법은 matpoltlib 라이브러리에서 설명하였다.

실습 4-8 (실습 4-6)의 막대그림에 한글로 축 라벨과 제목을 표시하라.

코드 1

```
from matplotlib import font_manager, rc
font_path = "C:/Windows/Fonts/NGULIM.TTF"
font = font_manager.FontProperties(fname=font_path).get_name()
rc('font', family=font)
```

코드 2

```
sns.barplot(x='Group', y='Freq', data = df)
plt.xlabel('x축 라벨')
plt.ylabel('y축 라벨')
plt.title('제목')
plt.show()
```

(결과)

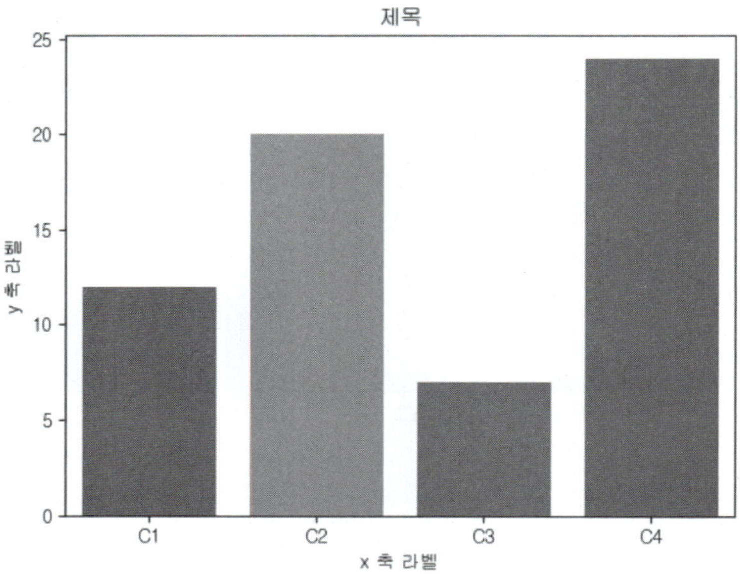

[코드 1]은 한글을 지원하는 방법으로 〈font_path = "C:/Windows/Fonts/NGULIM.TTF"〉와 같이 직접 폰트 파일의 경로를 지정한다. 여기서 윈도우에 한글 폰트(NGULIM.TTF)가 해당 폴더에 있는지 확인해야 한다.

실습 4-9 seaborn 라이브러리에서 제공되는 "titanic"데이터셋을 불러오고 티켓 등급 및 성별에 따른 생존자 숫자의 막대그림을 그려라.

코드 1

```
titanic = sns.load_dataset('titanic')
titanic.head()
```

코드 2

```
sns.barplot(x='sex', y='survived', hue='class', errwidth=0, data = titanic)
```

(결과)

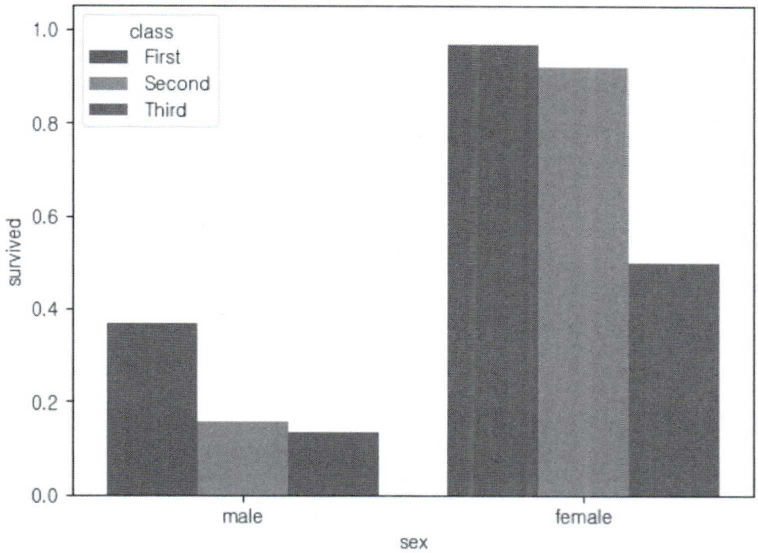

[코드 1]은 seaborn 라이브러리에서 제공되는 "titanic"데이터셋을 불러오려면 명령어 sns.load_dataset('titanic')을 사용한다. [코드 2]에서 성별(x축, 데이터 프레임의 header명 sex)에 티켓 등급을 모여서 막대로 표현하려면 "hue='class'"에 티켓 등급(class)을 기입하고 "errwidth=0"으로 설정하여 [코드 2]를 수행한다.

- hue='class': hue는 '색조'를 의미하며, 이 인수에 'class'를 지정함으로써 각 성별 막대 내에서 티켓 등급별로 색상을 다르게 구분하여 표현해 준다. 즉, 하나의 막대가 여러 등급의 승객 수로 나뉘어 막대에 쌓이게 된다(스택형 막대 그래프).
- errwidth=0: countplot은 기본적으로 각 범주에 대한 신뢰 구간을 막대 끝에 오차 막대(error bar) 형태로 표시할 수 있다. 하지만 이 경우에는 단순히 성별 및 등급별 승객 수를 세는 것이 목적이므로 오차 막대는 필요가 없다. errwidth=0으로 설정하여 오차 막대를 비활성화한다.

4.3.2 원그림

원그림이 무엇인가?

- (데이터 종류) 질적 데이터에 적합한 시각적 표현이다. 때로 양적 데이터가 질적(범주형) 데이터로 변경하여 사용되기도 한다.
- (시각적 표현) 범주별 비율을 원 형태로 표현한다.

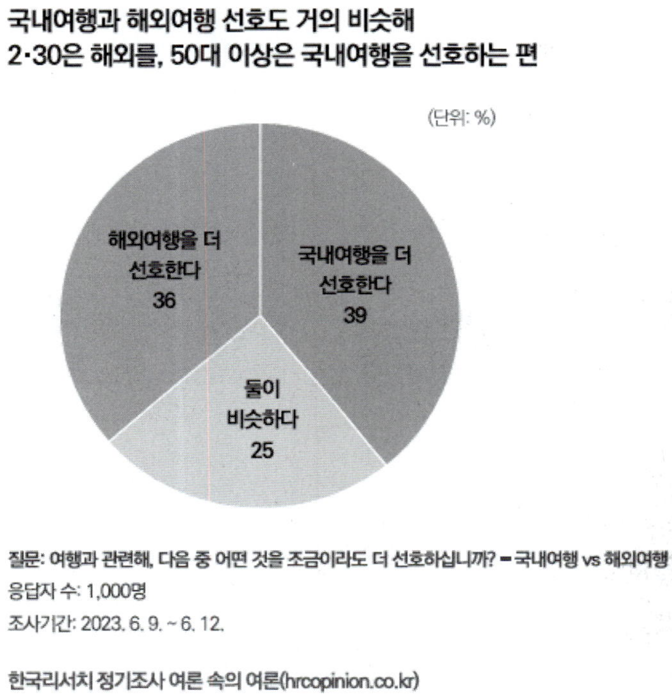

실습 4-10 네 개의 범주(C1, C2, C3, C4)에 대응되는 빈도(12, 20, 7, 24)를 생성하고 범주별 원그림을 그려라.

코드 1

```
import os
import numpy as np
import pandas as pd
import matplotlib.pyplot as plt
```

코드 2

```
group = ['C1','C2','C3','C4']
num   = [12,20,7,24]
```

코드 3

```
plt.pie(num, labels=group)
plt.show()
```

(결과)

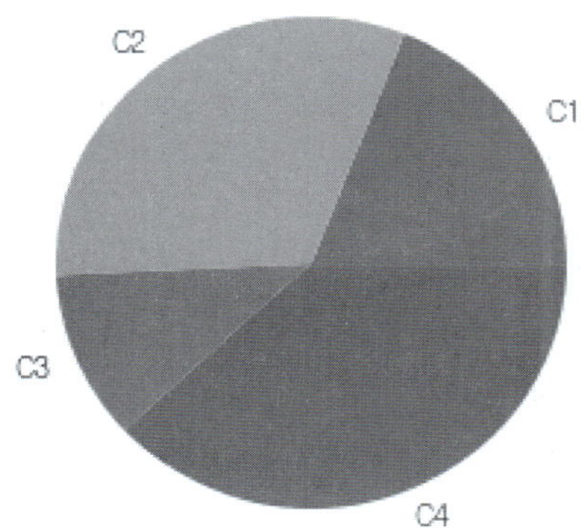

[코드 1]은 라이브러리를 불러온다. [코드 2]는 네 개의 범주(C1, C2, C3, C4)에 대응되는 빈도(12, 20, 7, 24)를 생성한다. [코드 3]은 기본 원그림 명령어로 plt.pie(빈도 변수명, labels=범주 변수명)이고 수행한 코드 결과는 원에 각 범주의 비율로 나타난다.

실습 4-11 (실습 4-10)의 원그림 결과에 범주별 빈도, 비율 그리고 제목을 표시하라.

코드 4

```
from matplotlib import font_manager, rc
font_path = "C:/Windows/Fonts/NGULIM.TTF"
font = font_manager.FontProperties(fname=font_path).get_name()
rc('font', family=font)

def func(pct,allvals):
    absolute = int(np.round(pct/100.*np.sum(allvals)))
    return f"{pct:.1f}%\n({absolute:d})"
```

코드 5

```
plt.pie(num, labels=group, autopct=lambda pct: func(pct,num),startangle=0)
plt.title('예시')
plt.show()
```

(결과)

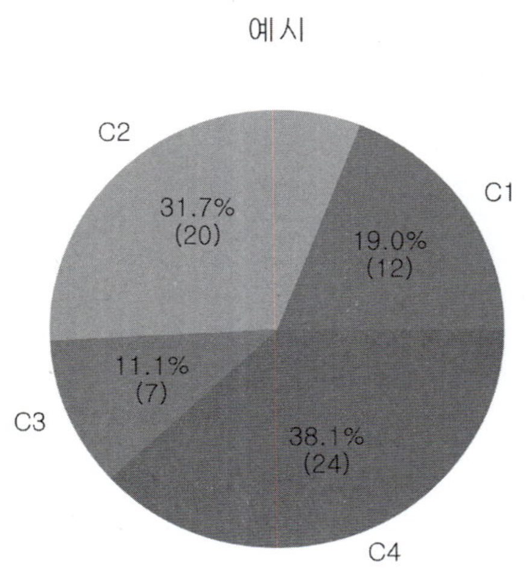

[코드 4]에서 한글 폰트 사용과 원그림에 비율을 설정한다. [코드 5]는 각 범주별 빈도와 비율을 표시한 명령어이다.

4.3.3 히스토그램

히스토그램이 무엇인가?

- (데이터 종류) 양적 데이터에서 연속형 데이터에 적용된다.
- (시각적 표현) 도수분포표를 기반으로 막대그림을 연결하여 표현한다.
- (의미) 연속형 데이터의 분포 형태를 파악한다.

도수분포표는 무엇인가?

- (정의) 연속형(또는 이산형) 데이터를 몇 개 범주르 나누어 해당 범주에 포함된 데이터의 빈도를 표현하여 나타낸 표이다.
- (의미) 연속형 데이터의 형태를 이해하기 쉽게 표현한 표이다.

대한민국 20대 사람의 키를 조사해서 히스토그램으로 표현하자.

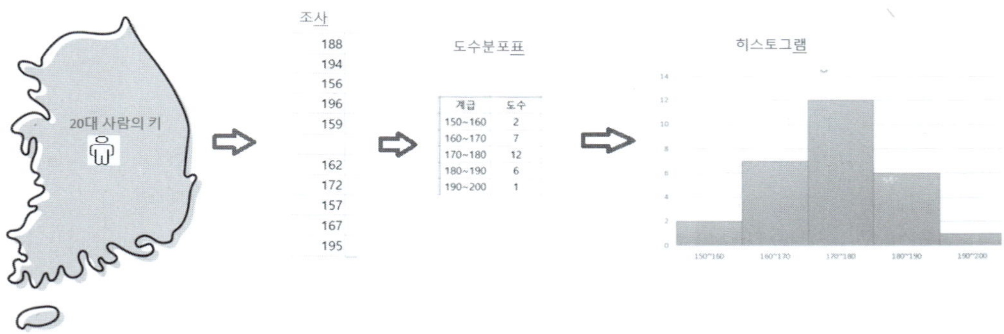

히스토그램의 형태의 대표적인 종류

- (용어) 봉, 꼬리 그리고 (비)대칭이 있다.
- (설명) 아래 대표적인 히스토그램에서 봉은 도수분포표에서 빈도가 제일 높은 범주 좌우의 빈도가 낮은 빈도의 형태이고, 꼬리는 좌우 맨 끝 쪽 방향(왼쪽, 오른쪽)이며, (비)대칭은 중앙을 기준으로 좌우의 형태가 비슷하다.

히스토그램의 기본적인 분포형태

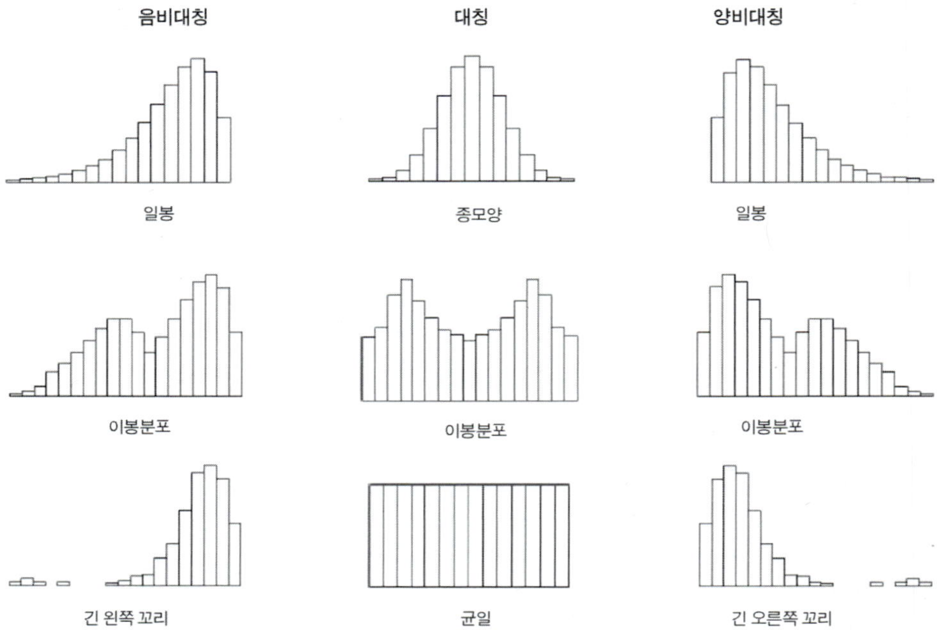

(출처: Journal of Statistics Education, Volume 19, Number 2(2011))

실습 4-12 "2차 인체치수조사(1986)_치수데이터(공개용).xlsx, 시트명: 2차"를 불러오고, 20세~24세의 신장을 추출하여 히스토그램을 그려라.

코드 1

```
import os
import numpy as np
import pandas as pd
import matplotlib.pyplot as plt

from matplotlib import font_manager, rc
font_path = "C:/Windows/Fonts/NGULIM.TTF"
font = font_manager.FontProperties(fname=font_path).get_name()
rc('font', family=font)
```

코드 2

```
data_1986 = pd.read_excel('2차 인체치수조사(1986)_치수데이터(공개용).xlsx',
sheet_name='2차',skiprows=6,usecols='C:E')
data_1986.head()
```

코드 3

```
# 20~24세 신장
ex_20_24 = (20<=data_1986.나이) & (data_1986.나이<24)
data_20_24 = data_1986[ex_20_24]
data_20_24.head()
```

[코드 1]은 관련 라이브러리와 한글 폰트를 설정한 것이다. [코드 2]는 "2차 인체치수조사(1986)_치수데이터(공개용).xlsx, 시트명: 2차"를 불러오고, 그 데이터 일부를 화면에 표시한다. 여기서 엑셀 데이터의 특정 시트(sheet_name='2차')와 열(usecols='C:E')을 지정한다. [코드 3]은 나이를 20세 이상브터 24세 미만의 신장만을 추출하고, 'data_20_24' 변수명으로 설정하고 일부 데이터를 화면에 보여준다.

코드 4

```
plt.hist(data_20_24.신장)
plt.show(0)
```

(결과)

	성별	나이	신장
7370	남자	20	1722.0
7371	남자	20	1650.0
7372	남자	20	1738.0
7373	남자	20	1601.0

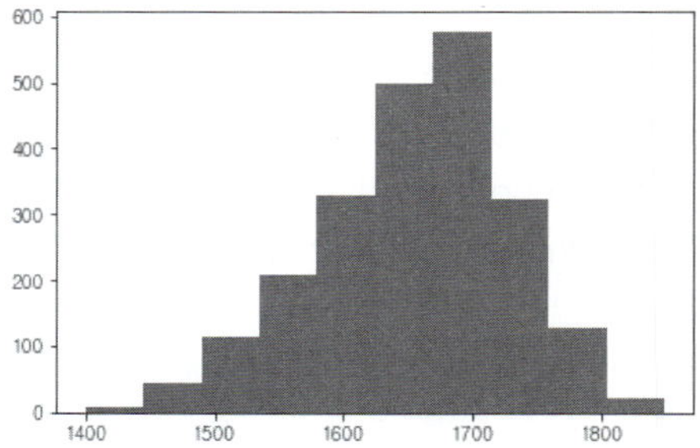

[코드 4]에서 "plt.hist(변수명)" 또는 "plt.hist(data_20_24.신장)"을 수행하면 연속형 데이터에 해당되는 히스토그램이 자동적으로 결과물로 화면에 표시된다. [결과]에서 제시된 왼쪽 데이터 화면은 [코드 3]의 결과물이고, 오른쪽 히스토그램은 [코드 4]의 결과물이다.

20세 이상 24세 미만 신장의 히스토그램 형태는 일봉이고, 양쪽 꼬리 두께는 비슷하지만, 왼쪽 꼬리가 약간 긴 비대칭이다. 또한 170cm의 빈도가 가장 많다.

실습 4-13 (실습 4-12)에서 남녀를 구별하여 히스토그램을 그려라.

코드 5

```
import seaborn as sns
```

코드 6

```
sns.histplot(x="신장",hue="성별",data=data_20_24,stat="density",kde=True)
plt.xlabel('신장(cm)')
plt.ylabel('Density')
plt.title('20~24세 신장 분포',fontsize=15)
plt.grid(True)
plt.savefig('fig5.png',dpi=600,bbox_inches='tight')
plt.show()
```

(결과)

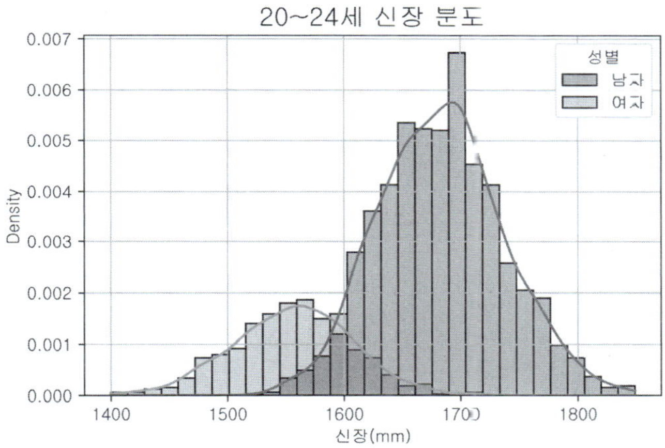

[코드 5]는 시각적 표현 "seaborn"라이브러리를 불러온다. [코드 6]에서 명령어 "sns.histplot(x="신장",hue="성별",data=data_20_24,stat="density",kde=True)"은 x축(x="신장"), 범주(hue="성별") 등이 설정된 히스토그램이다. 특히 명령어 plt.savefig('fig5.png',dpi=600,bbox_inches='tight')은 'fig5.png' 파일명으로 저장된다.

4.3.4 산점도

산점도가 무엇인가?

- (데이터 종류) 두 개 양적 데이터가 사용된다.
- (시각적 표현) 두 개 양적 데이터를 직교 좌표의 점으로 표현한다.
- (의미) 두 개 양적 데이터의 관계를 알아본다.

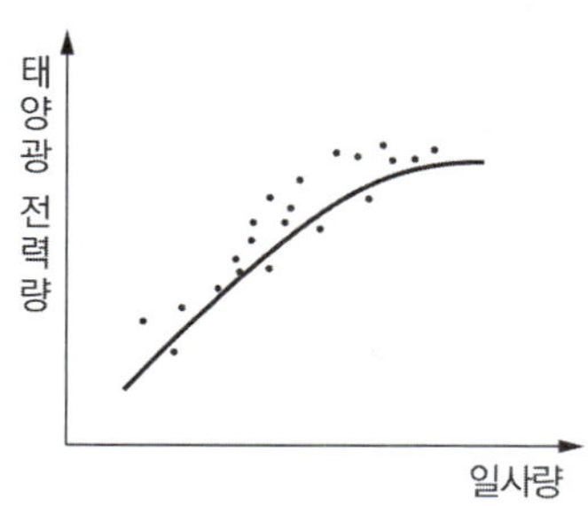

산점도의 형태

- 양의 상관(선형, 비선형): x축 데이터의 값이 증가하면 y축 데이터도 증가한다.
- 음의 상관(선형, 비선형): x축 데이터의 값이 감소하면 y축 데이터도 감소한다.
- 무상관: x축 데이터의 값이 감소 또는 증가에 따라 y축 데이터는 어떤 추세가 없다.
- 기타: 어떤 추세 또는 패턴이 있다.

상관

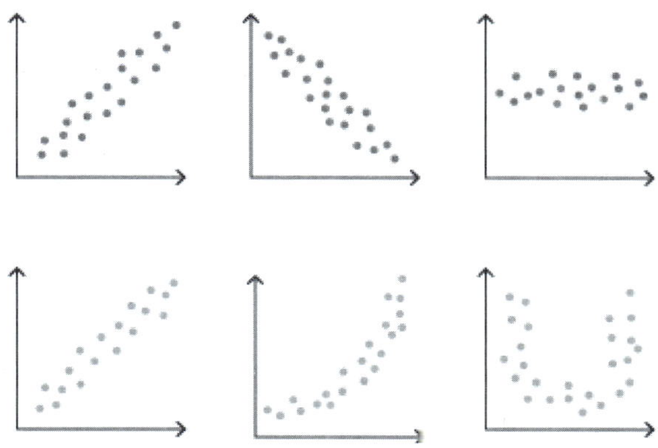

상관 정도

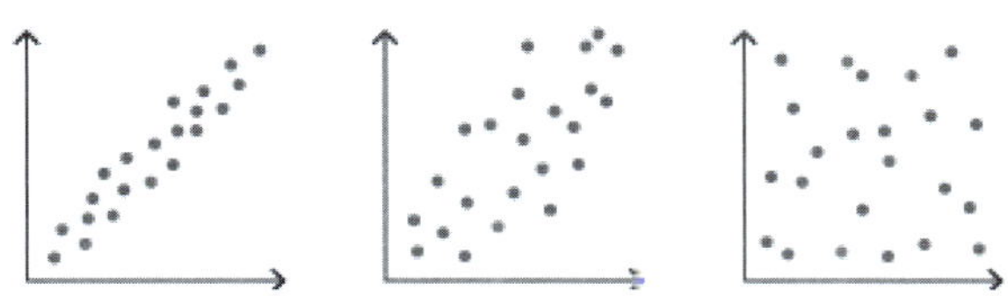

실습 4-14 기본 라이브러리가 설정되었다고 하자. "2차 인체치수조사(1986)_치수데이터(공개용).xlsx, 시트명: 2차"를 불러오고, 19세~25세의 신장 및 체중을 추출하여 산점도를 그려라.

코드 1

```
excel_1986 = pd.read_excel('2차 인체치수조사(1986)_치수데이터(공개용).xlsx', skiprows=6 ,sheet_name='2차',usecols=[2,3,4,83])
data_1986 = excel_1986[(excel_1986['나이'] > 19) & (excel_1986['나이'] < 25)]

data_1986[['신장', '체중']] = data_1986[['신장', '체중']] * 0.1
data_1986.head()
```

코드 2

```
plt.scatter(data_1986.신장, data_1986.체중)
plt.show()
```

(결과)

	성별	나이	신장	체중
7370	남자	20	172.2	62.5
7371	남자	20	165.0	56.0
7372	남자	20	173.8	63.0
7373	남자	20	160.1	59.5
7374	남자	20	160.6	52.0

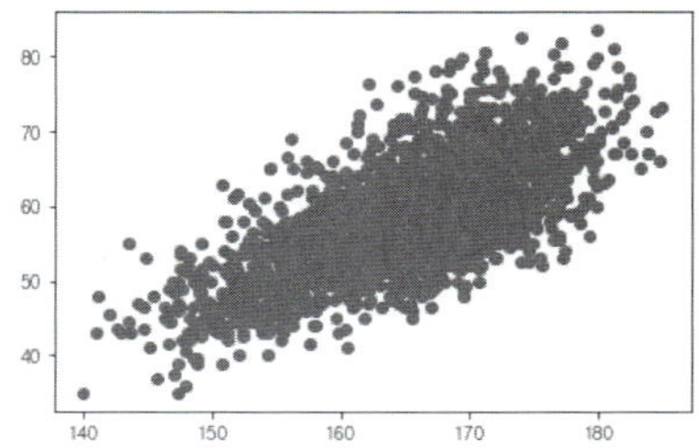

[코드 1]은 명령어 "2차 인체치수조사(1986)_치수데이터(공개용).xlsx, 시트명: 2차" 파일을 불러온다. 또한 19세~25세의 신장 및 체중을 추출한다. [코드 2]는 신장과 체중의 산점도를 구현한다. 즉, "plt.scatter(x축 데이터명, y축 데이터명)" 또는 "plt.scatter(data_1986.신장, data_1986.체중)"이다.

실습 4-15 (실습 4-14)에서 구현한 산점도에 제목, 라벨 그리고 저장 그림 파일을 구현하라.

코드 3

```
plt.scatter(data_1986.신장, data_1986.체중)
plt.xlabel('신장(cm)')
plt.ylabel('몸무게(kg)')
plt.title('20~24세 신장과 몸무게의 산점도',fontsize=15)
plt.savefig('scatter01.png',dpi=600,bbox_inches='tight')
plt.show()
```

(결과)

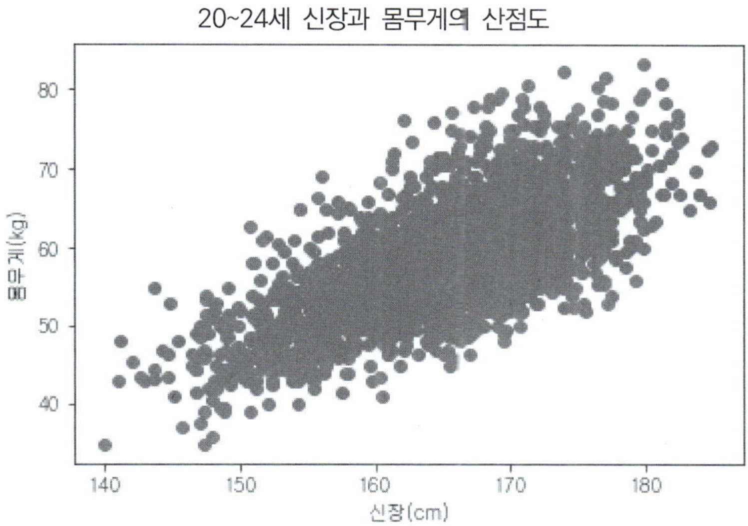

[코드 3]에서 x축 라벨("plt.xlabel('신장(cm)')"), y축 라벨(plt.ylabel('몸무게(kg)')") 그리고 제목("plt.title('20~24세 신장과 몸무게의 산점도',fontsize=15)")이 순차적으로 설정되었다. 그리고 "plt.savefig('scatter01.png',dpi=600,bbox_inches='tight')"은 그림으로 저장하는 명령어로 해상도가 600dpi로 설정되었다. "bbox_inches='tight'"은 없어도 되는 설정이다.

실습 4-16 (실습 4-14, 4-15)에서 구현한 산점도에 성별을 구별하는 산점도를 구현하라.

코드 4

```
import seaborn as sns

sns.scatterplot(x='신장',
                y='체중',
                hue='성별',          # 범주별 색깔
                style='성별',        # 범주별 기호
                s=50,                # 기호 크기
                data=data_1986)
plt.title('20~24세 신장과 몸무게의 산점도',fontsize=15)
```

(결과)

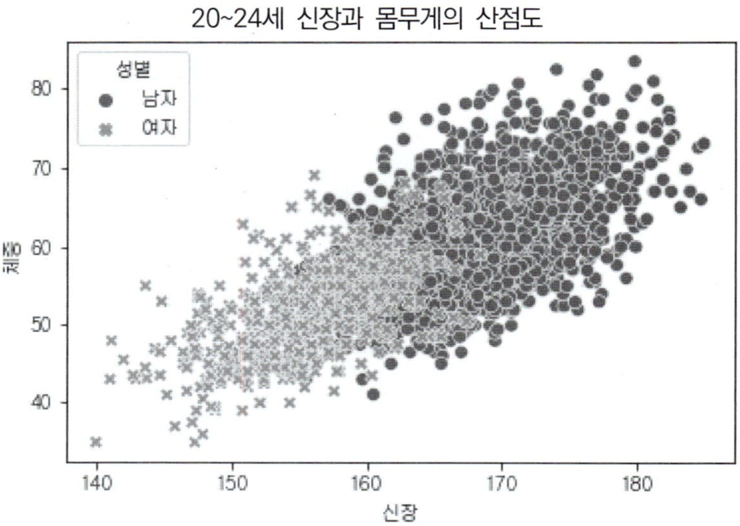

[코드 4]에서 "seaborn" 라이브러리를 불러오고, 명령어 "sns.scatterplot()"에 여러 옵션을 설정한다. "hue"와 "style"에서 범주 데이터명이 설정되면, 색과 기호가 자동으로 범주별로 구현된다. 또한 "s"는 기호의 크기를 설정한다.

실습 4-17 (실습 4-14)에서 구현한 산점도에 성별을 구별하는 별도의 산점도를 구현하라.

코드 5

```
plt.subplot(121)
plt.scatter(data_1986.신장[data_1986.성별 == '여자'],
data_1986.체중[data_1986.성별 == '여자'], alpha=0.5)

plt.subplot(122)
plt.scatter(data_1986.신장[data_1986.성별 == '남자'],
data_1986.체중[data_1986.성별 == '남자'], alpha=0.5)
plt.show()
```

(결과)

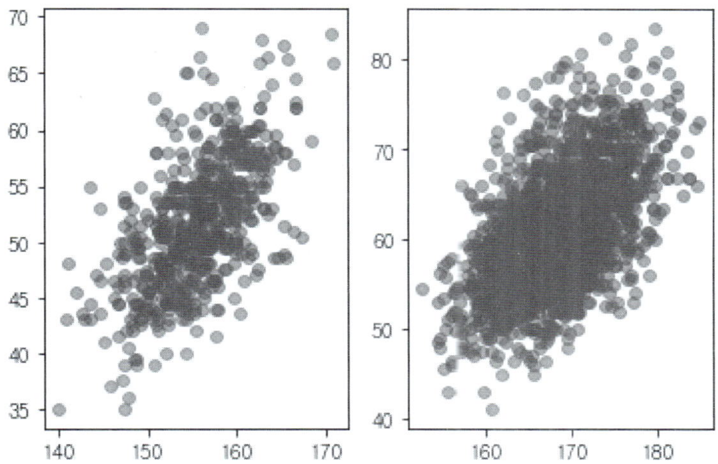

[코드 5]에서 "plt.subplot(121)"과 "plt.subplot(122)"는 한 페이지에 1행 2열의 그림을 구현한다. 산점도 명령어 "plt.scatter(x축 데이터명, y축 데이터명, alpha=0.5)"에서 "alpha"는 기호(마커)의 투명도로 0에서 1 사이의 값이 사용되며, 0에 가까우면 투명한 색, 1에 가까우면 진한 색으로 나타난다.

실습 4-18 (실습 4-14)에서 구현한 산점도에 성별의 색을 달리하는 별도의 산점도를 구현하라.

코드 6

```
fig, ax = plt.subplots(1,2)
ax[0].scatter(data_1986.신장[data_1986.성별 == '여자'],
data_1986.체중[data_1986.성별 == '여자'],s=10,c='black')
ax[1].scatter(data_1986.신장[data_1986.성별 == '남자'],
data_1986.체중[data_1986.성별 == '남자'],s=10,c='blue')

ax[0].set_xlim(130,200),ax[0].set_ylim(30,90),ax[1].set_xlim(130,200),ax[1].set
_ylim(30,90)
ax[0].set_xlabel('신장(cm)'), ax[0].set_ylabel('몸무게(kg)')
ax[0].set_title('여자',fontsize=12),ax[1].set_title('남자',fontsize=12)

fig.suptitle('20~24세 신장과 몸무게의 산점도',fontsize=15)
plt.show()
```

(결과)

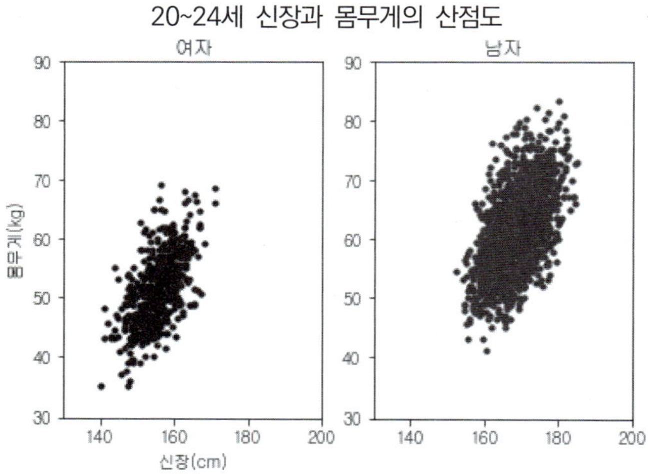

[코드 6]은 한 페이지에 여러 그림(1행 2열)을 구현한 코드로, 명령어 "fig, ax = plt.subplots(1,2)"로 설정한다. "ax[0]" 또는 "ax[1]"은 1행 1열과 2열에 그림의 위치를 표시한다. "ax[].scatter()"에서 옵션 "c='black'"은 산점도의 색깔을 검정색으로 설정한다. 나머지 코드의 설명은 생략한다.

실습 4-19 (실습 4-14)에서 구현한 산점도에 히스토그램을 결합하여 구현하라.

코드 7

```
sns.jointplot(x = '신장', y = '체중', data = data_1986)
plt.show()
```

(결과)

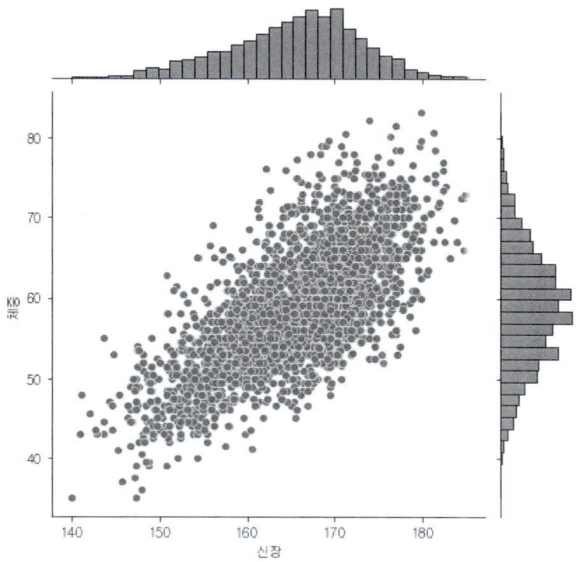

코드 8

```
sns.jointplot(x = '신장', y = '체중', data = data_1986, hue = '성별')
plt.show()
```

(결과)

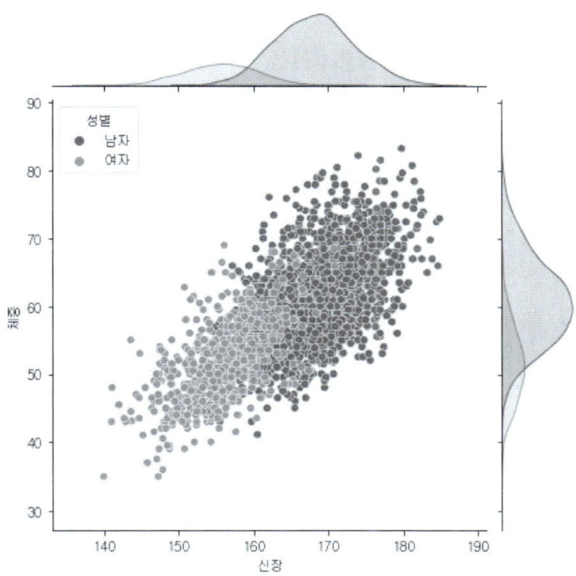

4.4 데이터 수치 요약

데이터 수치 요약 길잡이

왜 데이터 수치 요약이 필요한가?

- 데이터의 개별적인 값으로 데이터 전체를 파악하거나 데이터를 요약할 수 없다.
- 전체 데이터를 몇 가지 수치로 대표할 수 있는 요약이 필요하다.

데이터 수치 요약의 종류

- (중심 성향) 전체 데이터의 중심을 수치로 요약하려면 평균, 중앙값, 최빈값 또는 위치에 관련된 수치 요약(분위수)이 필요하다.
- (퍼짐 정도) 전체 데이터의 변동을 수치로 요약하려면 범위, 표준편차, 분산, 사분위범위가 필요하다.

4.4.1 수치적 표현 - 중심 성향

중심 성향이란 무엇인가?

- (데이터 종류) 중심 성향을 수치로 표현하는데, 양적 데이터에 적합하다.
- (의미) 전체 데이터를 하나 또는 몇 개의 대푯값으로 표현한다.
- (종류) 평균, 중앙값 그리고 최빈수가 있다. 추가로 (사)분위수도 있다.

평균(Mean)

- (정의) 데이터의 모든 값을 더한 후, 데이터 개수로 나눈 값이다.
- (의미) 전체 데이터의 균형점이며, 중심 성향의 대푯값으로 흔히 사용된다.
- (수식)

$$\text{모평균: } \mu = \frac{\sum_{i=1}^{N} x_i}{N}, \quad \text{표본평균: } \bar{x} = \frac{\sum_{i=1}^{n} x_i}{n}$$

※ 모집단은 전체 데이터이고, 표본은 그 일부 데이터를 의미한다.

(예시) 특정 학교의 성적을 조사하자.

- 모집단: 모든 학생($N=230$명)의 성적(전체 데이터: $x_1, x_2, \dots, x_N$)
- 표본: 모든 학생($N=230$명) 중 무작위로 $n=30$명을 추출한 성적(데이터: $x_1, x_2, \dots, x_n$)

- (특징) 극단값의 영향에 민감하다.

$$3 = \frac{1+2+3+4+\boxed{5}}{5} \quad \text{vs} \quad 6 = \frac{1+2+3+4+\boxed{20}}{5}$$

중앙값(Median)

- (정의) 데이터를 오름차순 정렬한 후 중앙에 위치하는 값이다.
- (의미) 정렬된 데이터의 중앙에 위치한 값이다.
- (수식) 양의 정수 k에 대해서

$$\tilde{x}_{me} = \begin{cases} x_{(k+1)}, & n = 2k+1 \\ \dfrac{x_{(k)} + x_{(k+1)}}{2}, & n = 2k \end{cases}$$

※ 오름차순으로 데이터 정렬

데이터	오름차순 데이터
$x_1, x_2, \dots, x_n$	$x_{(1)} \leq x_{(2)} \leq \dots \leq x_{(n)}$

- (특징) 극단값의 영향에 덜 민감하다.

$$x_i \quad \text{정렬} \quad x_{(j)}$$

- 짝수: 7, 1, 2, 5, 3 ==〉 1, 2, 3, 5, 7
- 홀수: 7, 1, 2, 5, 3, 8 ==〉 1, 2 ,3 ,5, 7, 8

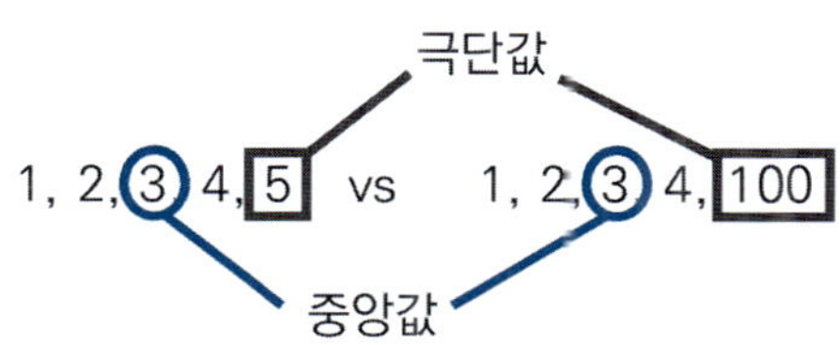

최빈값(Mode)

- (정의) 데이터에서 중복되어 나타나는 값이다.
- (의미) 데이터에서 빈번하게 나타나는 값이다.
- (수식)

$$\tilde{x}_{mo}$$

- (특징) 히스토그램에서 일봉, 이봉 그리고 다봉에 해당되는 위치로, 극단값의 영향이 없다.

※ 최빈값은 질적 데이터에서 가장 빈번하게 나타나는 항목의 대푯값으로 유용하게 사용

- 데이터 A: 1, 2, 3, 4, 5, 6 ==〉 $\tilde{x}_{mo}$ 없음

- 데이터 B: 1, 2, 3, 3, 3, 4 ==〉 $\tilde{x}_{mo} = 3$

- 데이터 C: 1, 2, 3, 3, 3, 4, 5, 9, 9, 9, 9, 9 ==〉 $\tilde{x}_{mo} = 3, 9$

사분위수(Quartile)

- (정의) 정렬된 데이터를 25%, 50% 그리고 75% 위치를 나타내는 값이다.
- (의미) 정렬된 데이터를 25%씩 등분한 위치에 있는 값이다.
- (수식)

Q_1은 25% 위치의 값인 제1사분위수

Q_2는 50% 위치의 값인 제2사분위수

Q_3은 75% 위치의 값인 제3사분위수

- (특징) 극단값의 영향에 덜 민감하다.

데이터($n=10$): [6, 14, 37, 38, 40] [43, 46, 47, 48, 49]

- 제1사분위수

(1) $(n+1)\frac{1}{4}=\frac{11}{4}=2.75$번째

(2) $Q_1=x_{(2)}+0.75(x_{(3)}-x_{(2)})=14+0.75*(37-14)=31.25$

- 제2사분위수

(1) $\frac{n+1}{2}=\frac{11}{2}=5.5$번째

(2) $Q_2=\frac{x_{(5)}+x_{(6)}}{2}=\frac{40+43}{2}=41.5$

- 제3사분위수

(1) $(n+1)\frac{3}{4}=\frac{33}{4}=8.25$번째

(2) $Q_3=x_{(8)}+0.25(x_{(9)}-x_{(8)})=47+0.25*(48-47)=47.25$

히스토그램의 대표 형태와 중심 성향의 관계

- (대칭) 아래 그림으로부터 중앙에 있는 히스토그램(데이터 분포가 대칭)이면 평균, 중앙값 그리고 최빈값이 비슷한 위치에 있고, 이러한 데이터의 대푯값으로 평균이 사용된다.
- (비대칭) 아래 그림의 좌우 끝 히스토그램(왼쪽 꼬리가 긴(좌), 오른쪽 꼬리가 긴(우))이면 평균, 중앙값 그리고 최빈값의 대소가 구분되어 있다. 비대칭의 데이터 분포의 대푯값은 평균이라고 단정할 수 없어 중앙값도 함께 사용될 수 있다.

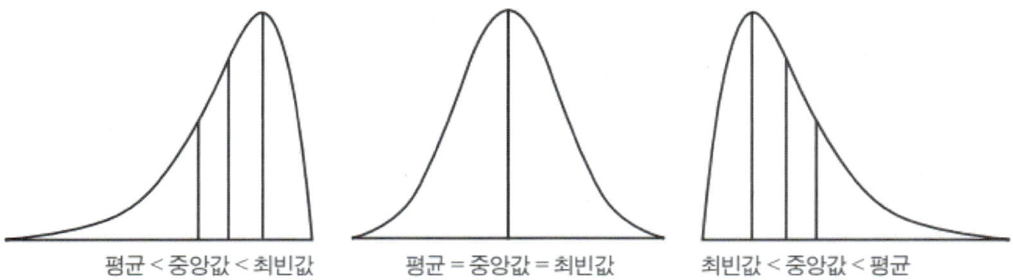

비대칭 대칭 비대칭

실습 4-20 기본 라이브러리 환경설정이 되어 있다고 가정하자. 대칭 및 비대칭 데이터를 생성하고 히스토그램을 그리자.

코드 1
```
mean  = 168    # 평균
sd    = 8      # 표준편차
n     = 500    # 생성할 난수의 개수
```

코드 2
```
# 오른쪽 꼬리가 긴 비대칭 분포
shape  = 2
scale  = 3
data_right_skewed = np.random.gamma(shape, scale, n)+164
```

코드 3
```
# 왼쪽 꼬리가 긴 비대칭 분포
data_left_skewed = -data_right_skewed +
                   max(data_right_skewed)+min(data_right_skewed)
```

코드 4

```
# 대칭 분포
data_sym = np.random.normal(mean, sd, n)
```

코드 5

```
plt.subplot(131)
plt.hist(data_left_skewed)
plt.subplot(132)
plt.hist(data_sym)
plt.subplot(133)
plt.hist(data_right_skewed)
plt.show()
```

(결과)

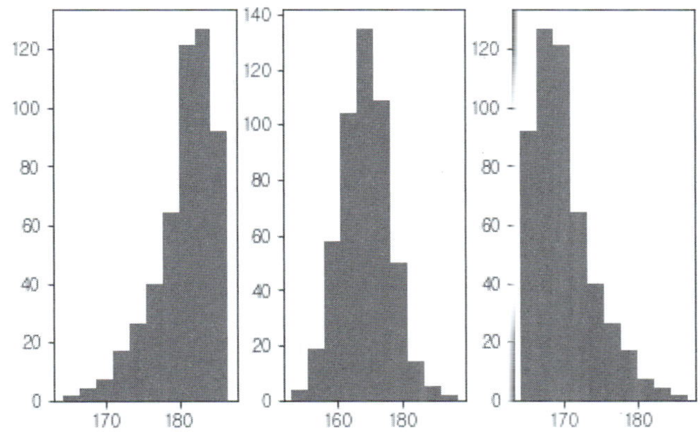

[코드 1]은 가상 데이터를 생성하는데 설정될 값으로 평균, 표준편차 그리고 데이터 개수이다. [코드 2]는 오른쪽 꼬리가 긴 데이터를 생성하려고 감마분포의 설정값인 shape, scale, 데이터 개수 등이 사용된 코드이다. [코드 3]은 왼쪽 꼬리가 긴 데이터를 생성하려고 감마분포의 설정값인 shape, scale, 데이터 개수 등이 사용된 코드이다. [코드 4]는 대칭 데이터 분포를 생성하려고 정규분포의 설정값인 평균, 표준편차 그리고 데이터 개수가 사용된 코드이다. [코드 5]는 세 가지 형태(왼쪽 꼬리가 긴 데이터, 대칭 데이터 그리고 오른쪽 꼬리가 긴 데이터)의 데이터를 히스토그램으로 표현한 코드이다.

실습 4-21 (실습 4-20)에서 생성된 데이터 배열로 병합하고, 일부 데이터를 결측치로 수정하라.

코드 6

```
data = np.column_stack((data_left_skewed, data_sym,
         data_right_skewed))  # 배열로 병합
print(data)
```

(결과)

```
[[183.64102625 159.47117058 170.53371106]
 [186.71497732 165.22864799 167.45975999]
 [187.85036875 168.41885879 166.32436857]
 ...
 [183.85279739 174.17931742 170.32193992]
 [184.63502402 173.62400027 169.5397133 ]
 [183.13718902 157.19307451 171.03754829]]
```

코드 7

```
data1          = data.copy()
data1[1:50,0]    = np.NaN          # 결측치
print(data1)
```

(결과)

```
[[183.64102625 159.47117058 170.53371106]
 [         nan 165.22864799 167.45975999]
 [         nan 168.41885879 166.32436857]
 ...
 [183.85279739 174.17931742 170.32193992]
 [184.63502402 173.62400027 169.5397133 ]
 [183.13718902 157.19307451 171.03754829]]
```

[코드 1]에서 "np.column_stack()"은 주어진 데이터를 열 방향 배열로 병합하는 명령어이다. [코드 7]에서 명령어 "data.copy()"는 원본 데이터명 "data"를 보존하고, 새로운 배열 데이터명 "data1"을 생성한 것이다. 또한 "data1[1:50,0] = np.NaN"은 변수명 "data1"의 1열 2행부터 51행까지 숫자 대신 결측치(nan)로 변경한 코드이다.

실습 4-22 (실습 4-21)에서 생성된 데이터 배열을 데이터 프레임으로 변환하라.

코드 8

```
df = pd.DataFrame(data)
df.columns = ['왼쪽 긴 꼬리', '대칭', '오른쪽 긴 꼬리']
df.head()
```

(결과)

	왼쪽 긴 꼬리	대칭	오른쪽 긴 꼬리
0	183.641026	159.471171	170.533711
1	186.714977	165.228648	167.459760
2	187.850369	168.418859	166.324369
3	184.088866	164.743807	170.085871
4	184.915512	158.052447	169.259225

코드 9

```
df1   = pd.DataFrame(data1)      # 결측치
df1.columns =  ['왼쪽 긴 꼬리', '대칭', '오른쪽 긴 꼬리']
df1.head()
```

(결과)

	왼쪽 긴 꼬리	대칭	오른쪽 긴 꼬리
0	183.641026	159.471171	170.533711
1	NaN	165.228648	167.459760
2	NaN	168.418859	166.324369
3	NaN	164.743807	170.085871
4	NaN	158.052447	169.259225

[코드 8]은 데이터 배열 변수명 "data"를 데이터 프레임으로 변경한 코드이다. 즉, 코드 "pf = pd.DataFrame(data)"는 데이터 배열을 데이터 프레임으로 변환하고, "df.columns = ['왼쪽 긴 꼬리', '대칭', '오른쪽 긴 꼬리']"은 변수명 "df"의 열 라벨을 지정하는 코드이다.

실습 4-23 (실습 4-21)에서 생성된 완벽한 데이터 배열(변수명 "data")의 평균을 구하라. 즉, 두 개의 비대칭과 한 개의 대칭 데이터의 평균을 구하라.

코드 10
```
np.mean(data)                    # 데이터 배열
```
(결과)
```
174.19876341831352               # 전체 데이터 평균
```
코드 11
```
np.mean(data, axis=0)            # 데이터 배열에서 열 기준
```
(결과)
```
array([184.3100405 , 168.42155294, 169.86469681])  # 열 기준 평균
```
코드 12
```
np.mean(data, axis=1)            # 데이터 배열에서 행 기준
```
(결과)
```
array([171.21530263, 173.13446177, 174.19786537, 172.97284797,
       170.74239462, 170.44631002, 173.94307657, 174.12665055,
       ...
       170.39949027, 173.50309721, 172.31532501, 177.67473429,
       176.11225893, 178.82175002, 173.14923653, 170.3362609 ,
       173.69950048, 176.11801824, 175.93291253, 170.45593727])
```

[코드 10]에서 데이터 변수명 "data"는 결측치가 없는 3열 배열 데이터이고, 명령어 "np.mean(data)"는 전체 데이터에 대한 평균을 제시한다. [코드 11]에서 명령어 "np.mean(data, axis=0)"는 열 기준으로 평균을 제시하고, [코드 12]에서"axis=1"은 행 기준으로 평균이 제시된다.

실습 4-24 (실습 4-21)에서 생성된 불완전한 데이터 배열(변수명 “data1”)의 평균을 구하라. 즉, 두 개의 비대칭과 한 개의 대칭 데이터의 평균을 구하라.

코드 13
```
np.mean(data1, axis=0)    # 결측치가 포함된 데이터의 열 기준
```
(결과) array([nan, 168.42155294, 169.86469681])

코드 14
```
np.nanmean(data1, axis=0)    # 결측치 지거 후 평균
```
(결과) array([184.17708825, 168.42155294, 169.86469681])

데이터 변수명 “data1”은 결측치가 존재하는 데이터 배열이다. [코드 13]에서 명령어 “np.mean()”를 결측치가 있는 데이터 (열)배열에 적용하면 결괏값 (열)평균도 결측치로 제시된다. [코드 14]에서 명령어 “np.nanmean()”는 데이터 배열이 결측가의 여부에 상관없이 평균을 구하는데 사용할 수 있다. 결측치가 있는 데이터의 평균을 계산할 때 결측치를 제외한 데이터만으로 평균을 계산하는 명령어 “np.nanmean()”이 사용되어야 하고, 열 또는 행 기준의 평균은 “axis=0” 또는 “axis=1”이 적용된다.

4.4.2 수치적 표현 - 퍼짐 정도

퍼짐 정도란 무엇인가?

- (데이터 종류) 퍼짐 정도를 수치로 표현하는데, 양적 데이터에 적합하다.
- (의미) 전체 데이터 또는 비교 데이터의 변동을 나타내는 수치이다.
- (종류) 범위, 표준편차, 분산 그리고 사분위범위가 있다.

범위(Range)

- (정의) 데이터의 최댓값과 최솟값의 차이이다.
- (의미) 데이터가 얼마나 흩어져 있는지를 단순하게 나타낸 수치이다.
- (수식)

$$Range = x_{(n)} - x_{(1)}$$

- (특징) 극단값의 영향이 존재한다.
- (예시)
  - 데이터 A: 2, 4, 7, 9, 10

$$Range = x_{(5)} - x_{(1)} = 10 - 2 = 8$$

  - 데이터 B: 70, 71, 74, 77, 77, 78

$$Range = x_{(6)} - x_{(1)} = 78 - 70 = 8$$

분산(Variance)

- (정의) 평균을 기준으로 데이터가 떨어져 있는 거리 제곱의 합에 데이터 개수로 나눈 값이다.
- (의미) 데이터가 평균으로부터 많이 떨어져 있으면 분산이 큰 값을 갖는다.
- (수식)

$$\text{모분산: } \sigma^2 = \frac{\sum_{i=1}^{N}(x_i - \mu)^2}{N}$$

$$\text{표본분산: } s^2 = \frac{\sum_{i=1}^{n}(x_i - \overline{x})^2}{n-1}$$

- (특징) 극단값의 영향이 존재한다.
- (예시)

1, 3, 5, 7	vs	1, 3, 5, 11
$\overline{x}=4$	vs	$\overline{x}=5$

평균 차이:	(1-4), (3-4), (5-4), (7-4)	vs	(1-5), (3-5), (5-5), (11-5)
평균 차이 제곱:	9, 1, 1, 9	vs	16, 4, 0, 36

표준편차(Standard deviation)

- (정의) 분산의 제곱근이다.
- (의미) 데이터와 동일한 단위의 변동 수치이다.
- (수식)

$$\text{모표준편차: } \sigma = \sqrt{\frac{\sum_{i=1}^{N}(x_i - \mu)^2}{N}}$$

$$\text{표본표준편차: } s = \sqrt{\frac{\sum_{i=1}^{n}(x_i - \bar{x})^2}{n-1}}$$

- (특징) 극단값의 영향이 존재한다.

사분위범위(Interquartile range)

- (정의) 사분위수에서 제1사분위수(Q_1)와 제3사분위수(Q_3)의 차이이다.
- (의미) 데이터의 50%가 중앙값을 중심으로 펴저 있는 범위이다.
- (수식)

$$IQR = Q_3 - Q1$$

- (특징) 극단값의 영향을 받지 않는다.

실습 4-25 (실습 4-20)과 (실습 4-21)에서 생성된 완전한 데이터와 불완전한 데이터에서 범위를 구하라.

코드 1

```
# 결측치가 없는 데이터 배열
np.ptp(data)                # 배열
np.ptp(data, axis=0)        # 열 기준
np.ptp(data, axis=1)        # 행 기준
```

(결과)

```
49.294273295982435
array([28.11951821, 49.2942733 , 28.11951821])
생략
```

코드 2

```
# 결측치가 있는 데이터 배열
np.nanmax(data1,axis=0) - np.nanmin(data1,axis=0)
```

(결과)

```
array([26.24501935, 49.2942733 , 28.11951821])
```

코드 3

```
df.max()-df.min()         # 결측치가 없는 데이터 프레임
```

(결과)

```
오른쪽 긴 꼬리     28.119518
대칭             49.294273
왼쪽 긴 꼬리      28.119518
dtype: float64
```

코드 4

```
df1.max()-df1.min()       # 결측치가 있는 데이터 프레임
```

(결과)

```
오른쪽 긴 꼬리     26.245019
대칭             49.294273
왼쪽 긴 꼬리      28.119518
dtype: float64
```

[코드 1]에서 완전한 배열 데이터를 명령어 "np.ptp(배열 데이터명)" 및 옵션 "axis"를 사용하여 범위를 구한다. [코드 2]에서 불완전한(결측치가 있는) 배열 데이터를 명령어 "np.nanmax()"와 "np.nanmin()"의 차이로 범위를 구한다.

[코드 3]과 [코드 4]는 데이터 프레임의 결측치와 관계없이 명령어 "데이터 프레임명. max()"와 "데이터 프레임명. min()"의 차이로 범위가 계산된다. 특히 데이터 프레임의 범위 결과는 열 라벨 기준으로 계산된다.

실습 4-26 (실습 4-20)과 (실습 4-21)에서 생성된 완전한 데이터와 불완전한 데이터에서 모분산 및 표본분산을 구하라.

코드 1
```
# 모분산
np.var(data)                           # 비열 - 결과 생략
np.var(data,axis=0)                    # 열 기준
np.var(data,axis=1)                    # 헝 기준 - 결과 생략
# 표본분산
np.var(data, ddof=1, axis=0)           # 결측치가 없는 배열
np.nanvar(data1,ddof=1, axis=0)        # 결측치가 있는 배열
```

(결과)
```
array([18.99019247, 65.62247626, 18.99019247]) # 모분산, 결측치가 없는 배열
array([19.02824897, 65.75398423, 19.02824897]) # 표본분산, 결측치가 없는 배열
array([18.47716014, 65.75398423, 19.02824897]) # 표본분산, 결측치가 있는 배열
```

코드 2
```
df.var(ddof=0)      # 모분산, 결측치가 없는 데이터 프레임
df.var()            # 표본분산, 결측치가 없는 데이터 프레임 - 결과 생략
df1.var()           # 표본분산, 결측치가 있는 데이터 프레임 - 결과 생략
```

(결과)
```
왼쪽 긴 꼬리      18.990192
대칭              65.622476
오른쪽 긴 꼬리    18.990192
dtype: float64
```

[코드 1]에서 명령어 "np.var(배열 데이터)" 및 옵션 "axis"에 따라서 모분산이 계산된다. 여기에 옵션 "ddof=1"이 적용되면 표본분산이 계산된다. 특히 결측치가 있는 배열 데이터에 명령어 "np.nanvar()"이 사용된다. [코드 2]는 데이터 프레임에 적용되는 명령어 "데이터 프레임명.var()"이고, 옵션 "ddof=0"을 설정해야 모분산이 계산되고, 옵션 "dd0f=1"은 자동적으로 설정되어 있어 표븐분산이 계산된다.

실습 4-27 (실습 4-20)과 (실습 4-21)에서 생성된 완전한 데이터와 불완전한 데이터에서 모표준편차 및 표본표준편차를 구하라.

코드 1

```
# 모표준편차
np.std(data,axis=0)                    # 배열, 열 기준
# 표본표준편차
np.std(data,ddof=1, axis=0)            # 배열, 열 기준
np.nanstd(data1,ddof=1, axis=0)        # 결측치가 있는 배열
```

(결과)

```
array([4.3577738, 8.1007701, 4.3577738])        # 모표준편차
array([4.36213812, 8.10888304, 4.36213812])     # 표본표준편차
array([4.29850673, 8.10888304, 4.36213812])     # 표본표준편차, 결측치가 있는 배열
```

코드 2

```
df.std(ddof=0)        # 모표준편차
df.std()              # 표본표준편차 - 결과 생략
df1.std()             # 결측치가 있는 표본표준편차 - 결과 생략
```

(결과)

```
왼쪽 긴 꼬리     4.357774
대칭            8.100770
오른쪽 긴 꼬리   4.357774
dtype: float64
```

[코드 1]에서 표준편차를 계산하는 명령어는 "np.std(배열 데이터)"이며, 모표준편차, 표본표준편차, 열(행) 기준 결과는 분산을 계산하는 방식과 동일하다. [코드 2]에서 데이터 프레임의 표준편차는 명령어 "데이터 프레임명.std()"이고 분산을 구하는 방식과 동일하다.

실습 4-28 (실습 4-20)과 (실습 4-21)에서 생성된 완전한 데이터와 불완전한 데이터에서 사분위범위를 구하라.

코드 1
```
np.quantile(data,[0.75],axis=0)-np.quantile(data,[0.25],axis=0)
np.nanquantile(data1,[0.75],axis=0)-np.nanquantile(data1,[0.25],axis=0)
```

(결과)
```
array([[ 4.96804115,  10.86848474,   4.96804115]])

array([[ 5.013401   ,  10.86848474,   4.96804115]])
```

코드 2
```
df.quantile(0.75)-df.quantile(0.25)
```

(결과)
```
왼쪽 긴 꼬리        4.968041
대칭               10.868485
오른쪽 긴 꼬리       4.968041
dtype: float64
```

코드 3
```
df1.quantile(0.75)-df1.quantile(0.25)
```

(결과)
```
왼쪽 긴 꼬리        5.013401
대칭               10.868485
오른쪽 긴 꼬리       4.968041
dtype: float64
```

[코드 1]에서 명령어 "np.quantile(배열 데이터, 옵션1, axis=0 또는 1)"을 이용하여 제3사분위수와 제1사분위수의 차이인 사분위범위를 계산한다. 여기서 옵션1은 사분위수에 해당하는 위치를 제시하는 숫자(0과 1 사이의 숫자)로 제1사분위수는 0.25, 제2사분위수 0.5 그리고 제3사분위수 0.75로 설정된다. 또한 결측치가 있는 배열 데이터에 사용되는 명령어는 "np.nanquantile()"이고 옵션이 앞 명령어와 동일하다. [코드 2]와 [코드 3]은 데이터 프레임에 대한 명령어로 설명은 생략한다.

4.4.3 상자그림

상자그림이란 무엇인가?

- (데이터 종류) 중심 성향과 퍼짐 정도를 시각적으로 표현하는데, 양적 데이터에 적합하다.
- (의미) 사분위수를 기반으로 작성된 그림으로 데이터의 중심 성향과 퍼짐 정도를 한 눈에 파악할 수 있음

상자그림의 구조

- 상자(Box): Q_1, Q_2 그리고 Q_3 위치에 상자를 그린다.
- 수염(Whiskers): Q_1 및 Q_3에서 1.5*사분위범위만큼 떨어진 위치 안에서 제일 가까운 위치의 데이터에 바(bar)를 그리고 직선을 연결한다.
- 이상치(Outliers): Q_1 및 Q_3에서 1.5*사분위범위를 벗어난 데이터이다.

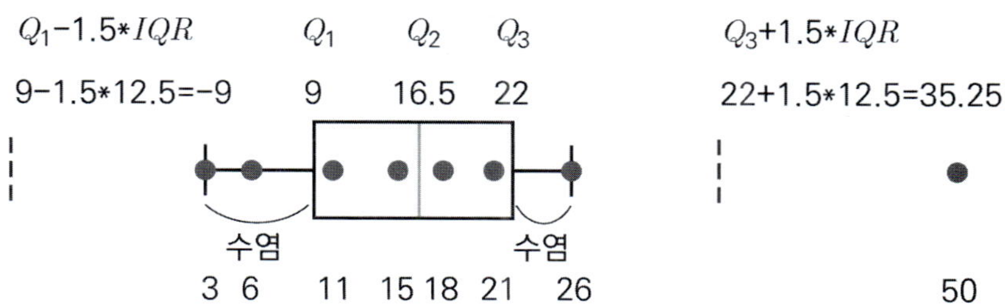

상자그림의 해석

- 데이터 분포의 대칭 또는 비대칭을 파악한다.
- 여러 데이터의 중심 성향 및 퍼짐 정도를 비교한다.
- 이상치를 파악한다.

상자그림과 히스토그램의 관계

- 상자그림에서 히스토그램을 유추할 수 있다.

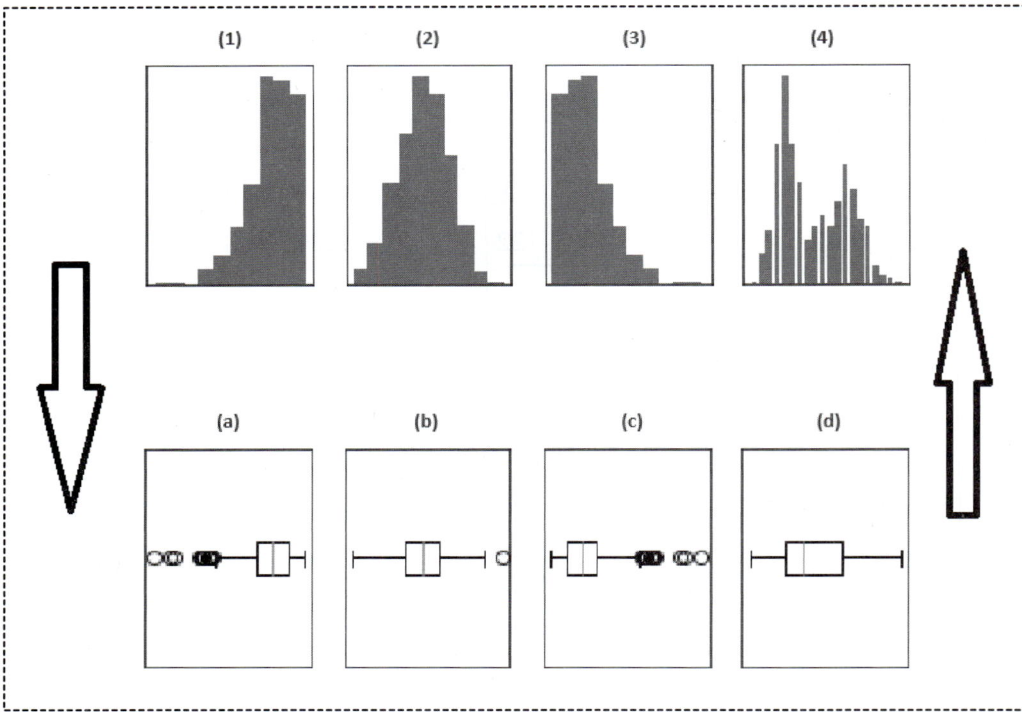

- 위 그림 (1)부터 (4)까지 주어진 히스토그램에서 어떤 상자그림이 될지는 쉽게 유추할 수 있다. 다만 히스토그램으로부터 이상치를 식별하기란 어려울 수도 있다.
- 히스토그램 (1)은 상자그림 (a), (2)는 (b), (3)은 (c) 또는 (d) 그리고 (4)는 어려울 수도 있다.
- 반대로 상자그림에서 히스토그램을 예상한다면, (1), (2) 그리고 (3) 정도의 히스토그램 형태로 생각할 수 있다.

실습 4-29 (실습 4-12)와 (실습 4-14)로부터 라이브러리와 데이터 파일이 준비되었다고 하자. 2차 인체치수조사(1986) 엑셀 파일에 있는 데이터 중 성별, 나이, 신장 그리고 체중을 불러오자.

코드 1

```
# 데이터 불러오기: 2차 인체치수조사(1986)
excel_1986 = pd.read_excel('2차 인체치수조사(1986)_치수데이터(공개용).xlsx',
skiprows=6 ,sheet_name='2차',usecols=[2,3,4,83])
data_1986 = excel_1986[['나이','신장', '체중']]
data_1986.head()

df = pd.DataFrame(data_1986)
df.head()
```

(결과)

	나이	신장	체장
0	6	1232.0	240.0
1	6	1120.0	180.0
2	6	1257.0	215.0
3	6	1135.0	195.0
4	6	1195.0	180.0

[코드 1]은 인체치수조사 엑셀 파일에 있는 여러 데이터 중 성별(2째 열), 나이(3째 열), 신장(4째 열) 그리고 체중(83째 열)을 확인하고, 명령어 "pd.read_excel()"을 사용하여 관련 데이터를 불러온다. 변수명 "data_1986"은 불러온 변수명 "excel_1986"의 데이터 중 나이, 신장, 체중만을 추출하여 저장한다. 또한 변수명 "data_1986"을 데이터 프레임으로 변환한다.

실습 4-30 (실습 4-29)로부터 나이대를 구분하고 BMI를 계산하는 함수를 구현하라.

코드 2

```
# 나이 그룹 분류 함수
def age_group(age):
    if age < 10:
        return '10대 미만'
    elif 10<= age < 20:
        return '10대'
    elif 20 < age < 30:
        return '20대'
    elif 30 <= age < 40:
        return '30대'
    elif 40 <= age < 50:
        return '40대'
    elif 50 <= age < 60:
        return '50대'
    elif 60 <= age < 70:
        return '60대'
    elif 70 <= age < 80:
        return '70대'
    else:
        return '80대 이상'
```

코드 3

```
# BMI 계산 함수
def calculate_bmi(row):
    return row['체중']*0.1 / ((row['신장']*0.001)** 2)
```

[코드 2]는 '10대 미만'부터 '80대 이상'까지 나이 구분을 한 함수 정의이다. [코드 3]은 체중(kg)과 신장(m)의 단위를 조정하고, BMI=체중(kg)/신장(m)^{2}을 계산한 함수이다.

실습 4-31 (실습 4-29)로부터 생성된 데이터 프레임 "df"에 나이대 그룹과 BMI를 추가하라.

코드 4

```
# 기존 데이터 프레임에 나이 그룹 및 BMI 추가
df['Age Group'] = df['나이'].apply(age_group)
df['BMI']         = df[['체중','신장']].apply(calculate_bmi,axis=1)

df.head()
```

(결과)

	나이	신장	체중	Age Group	BMI
0	6	1232.0	240.0	10대 미만	15.812110
1	6	1120.0	180.0	10대 미만	14.349490
2	6	1257.0	215.0	10대 미만	13.607173
3	6	1135.0	195.0	10대 미만	15.137107
4	6	1195.0	180.0	10대 미만	12.604821

[코드 4]에서 명령어 "df[데이터명].apply(함수명)"은 데이터명이 함수명의 변수로 적용되어 수행된다. 즉, "df['나이'].apply(age_group)"은 나이 데이터가 함수명 "age_group(age)"에 적용되어 나이대로 반환된다. 또한 "df[['체중','신장']].apply(calculate_bmi,axis=1)"도 마찬가지이지만, 옵션 "axis=1"은 열 기준으로 계산한다는 의미(각 사람의 체중과 신장으로 계산)로 반환값(결괏값)은 각 사람의 BMI이다.

실습 4-32 (실습 4-31)로부터 BMI의 상자그림을 그려라

코드 5

```
# BMI 상자그림
plt.subplot(211)
df.boxplot(column='BMI', vert=False,grid=False)
plt.subplot(212)
df.boxplot(column='BMI',vert=False,showmeans = True, meanline = True)
```

(결과)

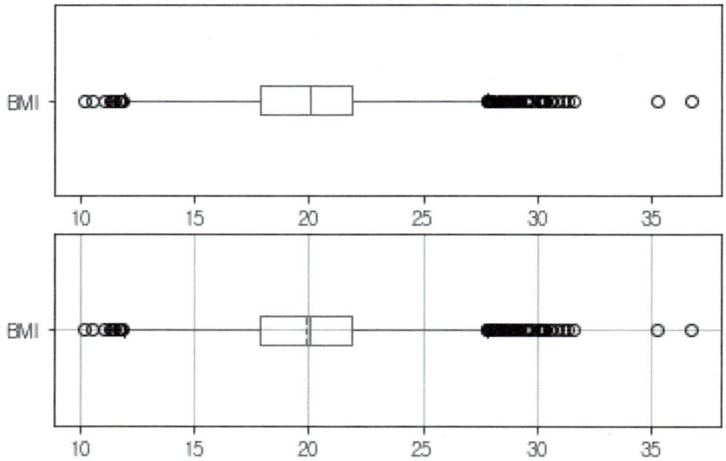

[코드 5]에서 명령어 "df.boxplot(column='BMI',vert=False,grid=False)"는 데이터 프레임명 df의 컬럼 데이터 BMI에 상자그림을 구현한다. 여기서 옵션 "vert=False"는 상자그림을 수평으로 구현하고, 옵션 "grid=False"는 위치를 표시하는 선이 구현되지 않는다. 만약 상자그림에 평균(녹색 라인)을 표시하려면 옵션 "showmeans=True"와 "meanline=True"를 제시한다. 옵션 "meanline=True"는 없어도 자동적으로 평균히 표시된다.

실습 4-33 (실습 4-31)로부터 나이대별 BMI의 상자그림을 그려라.

코드 6

```
# 나이대 상자그림
df.boxplot(column='BMI', by='Age Group', grid=False,showmeans = True,
meanline = True)
```

(결과)

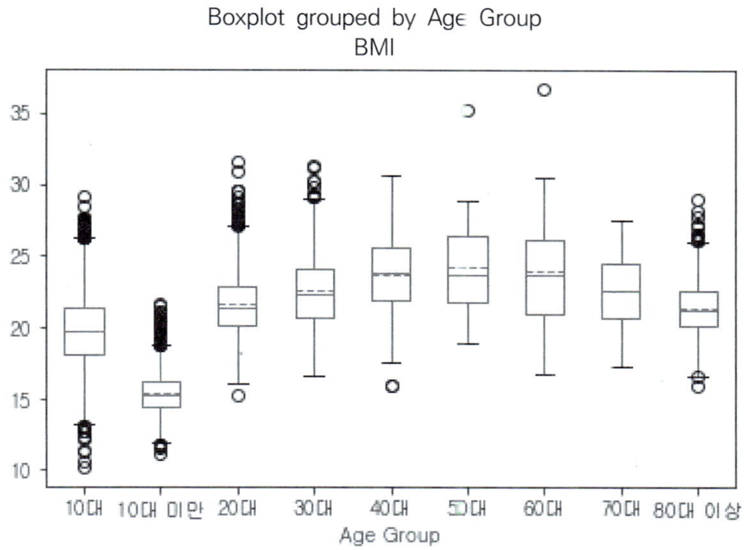

[코드 6]에서 명령어 "df.boxplot()"에 나이대별 상자그림을 구현하려면 "by='Age Group'를 사용하고 나머지 옵션은 (실습 4-32)와 동일하다. 다만 상자그림 x축의 순서를 보면 나이대별로 정렬이 되지 않았다. 이런 경우는 x축 라벨 정렬이 필요하다.

실습 4-34 (실습 4-31)로부터 나이대별 BMI의 상자그림을 그려라.

코드 7
```
# 나이대 상자그림
sns.boxplot(x='Age Group', y='BMI', data=df,showmeans=True)
```

(결과)

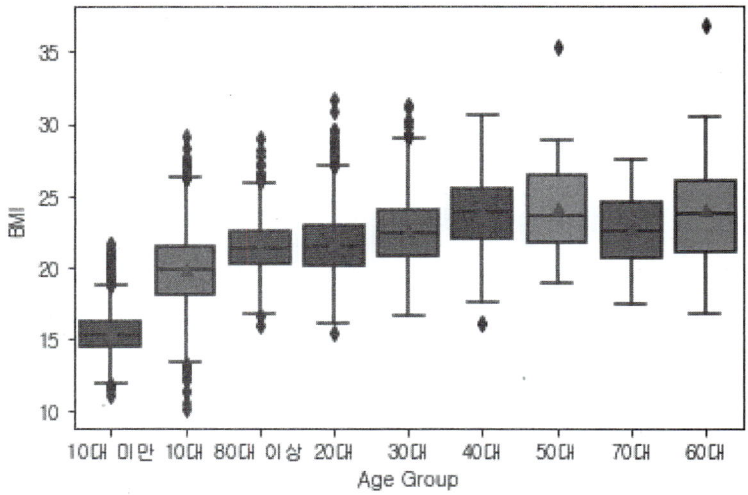

[코드 7]에서 명령어 "sns.boxplot(x='Age Group', y='BMI', data=df,show means=True)"은 seaborn 라이브러리에서 제공되는 상자그림 명령어이다. "data=df"는 데이터 프레임명, x에 df의 "Age Group" 그리고 y에 "BMI"를 컬럼 데이터명을 설정하면 기본적인 상자그림이 표현된다. 또한 옵션 "showmeans=True"는 상자그림에 평균을 표시한다. 상자그림 x축의 순서를 보면 나이대별로 정렬이 되지 않았다. 이런 경우는 x축 라벨 정렬이 필요하다.

실습 4-35 (실습 4-34)로부터 정렬된 나이대별 BMI의 상자그림을 그려라.

코드 8

```
# x축 나이대별 순서 변경
x_order = ['10대 미만','10대','20대','30대',
           '40대','50대','60대','70대','80대 이상']

sns.boxplot(x='Age Group', y='BMI', data=df, showmeans=True, order=x_order)
```

(결과)

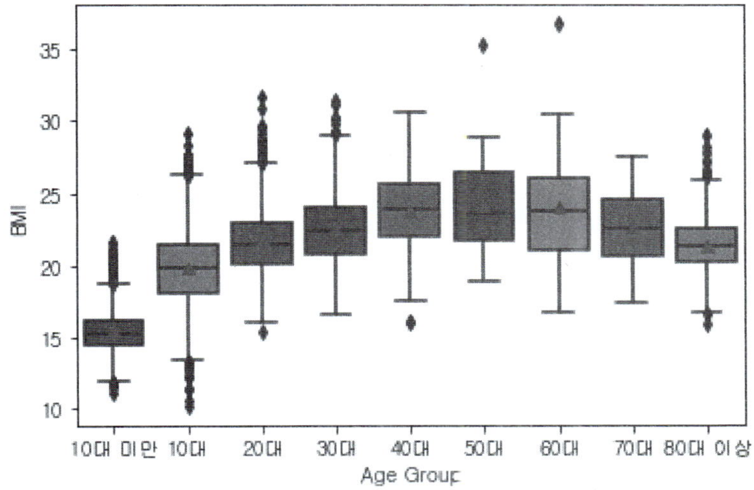

[코드 8]에서 나이대별 순서를 변경하는 변수명 "x_order"를 생성하고, 상자그림 명령어 "sns.boxplot()"에 옵션 "order=x_order"을 설정하여 상자그림을 구현한다. 나이대별 BMI의 중앙값(또는 평균)은 60대까지 증가하고 그 후 나이대에는 감소하는 성향을 보인다. 고도비만(BMI가 35 이상)은 50대와 60대에 존재하고, 2단계 비만(BMI가 30~35 사이)은 20대, 30대 그리고 40대에 존재한다. 1단계 비만(25~30)은 10대 미만을 제외한 나머지 나이대에 나타났다.

찾아보기